Krista und Johannes Gerloff

Eine Busfahrt in Jerusalem

Begegnungen, Erlebnisse, Einsichten

SCM Hänssler

SCM

Stiftung Christliche Medien

FSC www.fsc.org MIX Papier aus verantwortungsvollen Quellen FSC® C006701

2. Auflage 2012

SCM Hänssler im SCM-Verlag GmbH & Co. KG · 71088 Holzgerlingen
Internet: www.scm-haenssler.de; E-Mail: info@scm-haenssler.de

Das Titelbild hat nur exemplarischen Charakter und steht nicht in direktem Bezug zu im Buch vorkommenden Personen.

Trotz intensiver Nachforschungen konnten leider nicht alle Quellen und Rechteinhaber ermittelt werden. Der Verlag dankt für Hinweise.

Die Bibelverse sind, wenn nicht anders angegeben, folgender Ausgabe entnommen:
Neues Leben. Die Bibel, © der deutschen Ausgabe 2002 und 2006 SCM R.Brockhaus im SCM-Verlag GmbH & Co. KG, Witten.

Umschlaggestaltung: Jens Vogelsang, Aachen
Titelbild: © israelimages.com, Julie Mayfeng
Satz: typoscript GmbH, Walddorfhäslach
Druck und Bindung: CPI – Ebner & Spiegel, Ulm
Gedruckt in Deutschland
ISBN 978-3-7751-5371-3
Bestell-Nr. 395.371

Inhalt

Liebe Leser!

Israel ist anders als Deutschland, anders als wir erwarten, anders als wir es uns vorstellen und nicht selten anders als wir uns das wünschen. Mancher wird darüber stolpern, dass man sich in Israel duzt. Wir haben das in diesem Buch durchweg aus dem Hebräischen in die deutsche Sprache übernommen. Hat nicht schon Gott sein Volk auf diese Art und Weise angesprochen, »per du«, also ganz persönlich?!

Die Einwohner des Heiligen Landes sind keine Heiligen, sondern ganz normale Menschen mit Stärken und Schwächen. Doch wer sind diese Menschen? Was beschäftigt sie? Welchen Sport mögen sie? Welche Feste sind ihnen wichtig? Was ist eigentlich ein *Kibbuz* und was macht einen *Moschaw* aus? Wie kam es zu israelischen Siedlungen in den besetzten Gebieten? Wie sieht eine ideale jüdische Ehe aus und was sagt das jüdische Gesetz zur Scheidung? Gibt es Abtreibungen in einem Land, dessen Gesellschaft sich rühmt, das Leben als höchstes Gut zu schätzen? Auf diese und mehr Fragen wollen wir hier eingehen.

Mit dieser Sammlung von Geschichten wollen wir Ihnen einen Einblick in unseren Alltag vermitteln, Ihnen weitergeben, was wir selbst erlebt, gelernt und verstanden haben. Wir wünschen, dass Ihnen dieses Buch Israel ein wenig näherbringt, Sie unterhält und zum Nachdenken anregt. Es gibt noch viel zu lernen und zu entdecken. Lassen Sie uns das gemeinsam tun!

Ihre Krista und Johannes Gerloff
Jerusalem, im Frühjahr 2012

Eine Busfahrt in Jerusalem

»*Nahag, Nahag!* – Busfahrer, Busfahrer! Mach hinten die Tür auf!« Die Fahrgäste haben eine Mutter mit Kind erblickt, die im Laufschritt versucht, den Bus einzuholen. Aus Sicherheitsgründen darf man eigentlich nur vorne einsteigen. Doch der Fahrer beugt sich dem Willen der Masse und hält gehorsam wieder an.

»*Nahag, Nahag!* – Warum hast du angehalten, wenn niemand einsteigt?!«, meldet sich ein Ungeduldiger. Der Umweg durch das ultraorthodoxe Viertel gehört zum Fahrplan, geht ihm aber gegen den Strich. »Und wenn jemand hätte aussteigen wollen?«, sucht sich der Busfahrer zu rechtfertigen. »Die sind doch schon bei der Tankstelle ausgestiegen!«, wirft eine stämmige Frau ein, die den Überblick behalten hat. Ihre Nachbarin pflichtet ihr bei.

In dem Moment ruft einer, der an der Strecke wohnt: »Busfahrer! Halte an!« – »Haaalte aaan!«, verstärken ihn andere Fahrgäste. Gehorsam bleibt der Stadtbus stehen, wo gar keine Haltestelle ist. Ein Herr in mittleren Jahren mit Rucksack und Schildmütze steigt aus.

Unter dem Schild »Füße nicht auf die Sitze legen« streckt ein müder Soldat seine verstaubten Stiefel auf den schäbigen Sitz gegenüber. Zwei hübsche Soldatinnen steigen ein. Der müde Krieger wird aufmerksam und verwickelt die beiden in ein lebhaftes Gespräch. An seiner bequemen Lage ändert er nichts.

Zwei orthodoxe Mütter klappen mit sicherem Griff einhändig ihre Kinderwagen zusammen. An der anderen Hand halten sie ihre Sprösslinge. Kunstvoll balancieren sie dann voll beladen durch den engen Bus, bis sie ihre Kinderwagen zwischen Sitze eingeklemmt haben. Die Kinder werden mit *Bamba* versorgt, den allgegenwärtigen Erdnussflips, ohne die eine israelische Kindheit undenkbar ist. Ihre Mütter vertiefen sich auf Englisch in ein Gespräch. Eine Russin erzählt ihrer Sitznachbarin, wo man am günstigsten einkaufen kann.

Hinter einer gepflegten Dame mit Einkaufstaschen steigt ein rothaariger Junge mit Gitarre ein. Schüchtern fragt er, ob der Bus auch in der Prophetenstraße oder in der Straße der Stämme Israels anhalten würde. Gedankenverloren entwertet der *Nahag* die Fahrkarte des Jungen mit der Lochzange und antwortet dann seelenruhig, dass er dort nicht halten werde.

Inzwischen hat die Dame ihre Plastikbeutel verstaut und setzt sich, ohne lange nachzudenken, auf den freien Platz neben einen bärtigen Mann mit schwarzem Hut. Orthodoxe Juden dürfen aber nicht neben einer fremden Frau sitzen, weil sie diese »berühren« könnten. Deshalb bleibt dem gläubigen Herrn nichts anderes übrig, als aufzustehen und sich einen anderen Platz zu suchen. Eine schwarzhaarige Studentin mit langem Rock nutzt die Zeit und öffnet ein kleines Gebetbuch, das sie immer bei sich trägt.

Der Bus wird voller. Es ist drückend heiß. Einem älteren Passagier fallen die Augen zu. Plötzlich wird er aufgeweckt durch einen Schüler, der sich neben ihn setzt, ihm den Rücken zudreht, die Beine in den Gang streckt und den Schulranzen auf dem Schoß seines schlafenden Nachbarn ablegt.

Je näher der Bus dem Stadtzentrum kommt, desto enger und verstopfter werden die Straßen. Das Hupen der Fahrzeuge wird häufiger und lauter. »Frau, hast du nicht gemerkt, dass du die Straße überquerst?!«, schreit der Busfahrer eine Passantin an, die gebannt auf ihr Mobiltelefon starrt und weder sieht noch hört, was um sie herum geschieht. Dass sie eben fast überfahren worden wäre, stört sie offenbar nicht. Passagieren und Busfahrer reißt der Geduldsfaden. »Wer hier mit seinem Auto rumfährt, verdient Prügel!«, lässt der *Nahag* seinem Unmut freien Lauf.

In der Tat: Wer sich mit dem Privatwagen durch den Stadtverkehr drängt, um anschließend auch noch einen teuren Parkplatz bezahlen zu dürfen, sollte lieber eine Fahrt in Jerusalems öffentlichen Verkehrsmitteln genießen!

Seit einiger Zeit gibt es in den Bussen der *Egged* ganz neue Schilder: »Das Aussteigen außerhalb der Haltestellen ist verboten!« Eigentlich sollte ich der israelischen Busgesellschaft vorschlagen, auch die Schilder anzubringen, die in meiner tschechischen Heimat in öffentlichen Bussen fordern: »Während der Fahrt ist das Ansprechen des Fahrers verboten.«

An einer Bushaltestelle in Tel Aviv

Damen bitte hinten einsteigen!

Schon lange wird in Israel diskutiert, ob man auf Wunsch der Ultraorthodoxen in öffentlichen Bussen Männer und Frauen trennen sollte, sodass Männer und Jungen vorne sowie Frauen und Mädchen im hinteren Teil des Busses sitzen. Diese Vorstellung erweckt großes Unbehagen bei mancher modernen Israelin: »Wenn die Ultraorthodoxen auf Trennung pochen, von mir aus! Aber warum sollen gerade wir Frauen hinten sitzen?« Solchen Meinungen wird in öffentlichen Medien viel Platz eingeräumt. Sogar orthodoxe Frauen drücken ihr Missfallen über die Unterdrückung in der religiösen Gesellschaft aus.

Israel ist ein demokratisches Land, in dessen Grundgesetz die Gleichberechtigung verankert ist. So landete die ganze Angelegenheit schließlich vor Gericht mit dem Ergebnis, dass ein weiteres Schild in öffentlichen Bussen angebracht wurde: »Abgesehen von Plätzen, die für Behinderte und Senioren reserviert sind, hat jeder Reisende das Recht auf jedem beliebigen Platz zu sitzen. Eine diesbezügliche Missachtung gilt als Gesetzesübertretung.« Die ultraorthodoxe Gesellschaft hat eigene Gesetze, Regeln und Bestimmungen. Deswegen hat man sich in Jerusalem entschieden, in bestimmten Buslinien freiwillig getrennt zu sitzen.

An der Haltestelle hält ein Bus der *»Kav Hafrada«,* also der »Trennungslinie« genannten Nummer 40. Bislang war ich ihm erfolgreich ausgewichen. Beim Warten frage ich eine orthodoxe Frau, was sie davon halte: »Ich bin wirklich froh«, antwortet sie. »Manchmal setzt sich neben dich so ein ekliger Bursche!« Diesen Aspekt hatte ich in den Medien noch nie gehört. Es gibt doch nichts Besseres als eine Busfahrt, wenn man so richtig unters Volk kommen möchte.

Einmal warte ich schon lange, als sich ein Bus nähert, dessen Nummer verschwommen und unlesbar erscheint. Als ich frage, welche Linie das eigentlich ist, geht die Tür schon wieder zu und der Bus fährt ab. Laut protestiere ich, wie das in Israel üblich ist. »Jetzt warte ich hier eine halbe Stunde und verpasse den Bus nur, weil seine Nummer unlesbar ist!« »Das ist wirklich nicht fair«, zwei bärtige Männer mit schwarzen Hüten stimmen mir zu. »Fahr mit uns im Vierziger Bus«, laden sie mich ein, »dann kannst du deinen Bus einholen.«

Ich möchte meinen Termin im Stadtzentrum nicht verpassen und zögere nicht lange. Der Bus kommt, die Herrn steigen vorne und ich ganz brav hinten ein. Aber was nun? Normalerweise lässt man den Fahrschein beim Busfahrer entwerten. Der aber sitzt ganz vorne. Aus dem Fernsehen weiß ich, dass irgendwo in der Mitte eine Lochzange sein sollte, mit der die Frauen ihre Fahrkarte selbst entwerten. Ich finde keine. So stehe ich in meiner Cordhose mitten unter frommen Frauen mit Röcken und Kopfbedeckung und frage unschuldig: »Was soll ich tun? Was macht frau in so einem Fall?« Die mitreisenden Damen sprechen nicht mit mir, sie deuten nur nach vorne. Der Bus hat nämlich drei Türen und die Zange befindet sich beim mittleren Eingang, wo es von schwarz gekleideten Männern nur so wimmelt.

Wackelnden Schrittes, weil der Bus mich hin und her wirft, bewege ich mich nach vorn: Bloß keinen orthodoxen Mann streifen oder gar auf ihn geworfen werden. Das wäre aus religiösen Gründen sehr unangenehm. Da nicken mir schon die zwei bärtigen Männer, die mit mir eingestiegen sind, freundlich zu und bieten an, meine Fahrkarte zum Busfahrer zu bringen. Auch wollen sie mir eine zum Umsteigen holen, damit ich nicht zweimal zahlen muss. Auch über diese freundlichen Ultraorthodoxen haben die Medien nicht berichtet.

Meinen eigentlichen Bus habe ich dann tatsächlich überholt. Dann bin ich aber in den falschen Bus eingestiegen, weil ich vermutet hatte, er fahre auch ins Zentrum. Angesichts des Gedränges beim Einsteigen, entschied ich mich spontan, durch die mittlere Tür einzusteigen – zumal als Frau und weil ich schon ein Ticket zum Umsteigen besaß. Doch dieses Mal schien das dem Busfahrer überhaupt nicht zu gefallen. »Steig sofort wieder aus«, rief er ein paar Mal, bis ich begriffen hatte, dass er mich meinte. Dann hat er mich an das andere Ende von Jerusalem gebracht, wo ich wieder warten musste.

Als endlich ein Bus in Richtung Stadtmitte kam, fragte ich den Busfahrer: »Welche Strecke fährst du?« Irgendwie hatte ich in Erinnerung, dass dies keine direkte Linie sei. »Das kommt darauf an, wie viel der Reiseleiter erzählt«, frotzelte der Fahrer. »Sei nicht böse, ich meine es ernst: Wie fährst du?« Noch hatte ich die Hoffnung nicht verloren, in die Stadtmitte zu gelangen. »Wir machen einen Ausflug«, erwiderte er. So genoss ich im menschenleeren Bus mit zwei Rentnern, die alle Zeit der Welt zu besitzen schienen, eine Rundfahrt durch Jerusalem. Auf einmal hatte ich viel Zeit zum Nachdenken. Meinen Termin habe ich verpasst. Dafür ist eine typische Geschichte aus dem Alltag in Israel entstanden.

Schneller als der Messias

Aller üblen Nachrede zum Trotz war sie dann doch eher da als der Messias: Die Jerusalemer Straßenbahn, die erste im Heiligen Land überhaupt. Erste Pläne für eine Straßenbahn in der Heiligen Stadt hatte der griechisch-libanesische Ingenieur George Franjieh bereits 1892 entworfen. Baubeginn war aber erst 110 Jahre später, im Jahr 2002. Die ersten Testfahrten begannen 2010. Man munkelte, keine Straßenbahn der Welt sei so lange Probe gefahren.

Bis zuletzt hielt sich hartnäckig das Gerücht: Der Messias kommt, bevor in Jerusalem eine Straßenbahn fährt. Immerhin fünf Jahre lag der Straßenbahnbau hinter der Planung zurück. Doch dann, an jenem denkwürdigen Freitagmorgen, dem 19. August 2011, durfte die Jerusalemer Öffentlichkeit endlich die letzte Neuheit der uralten Stadt in Gebrauch nehmen. Mehr als 40 000 Jerusalemer sollen die Straßenbahn, die vom Herzlberg – auf der Straßenbahnanzeige »Hertzel« geschrieben – bis nach Pisgat Zeev im Norden der Stadt fährt, am ersten Tag ausprobiert haben. 14 Züge waren auf 13,8 Kilometer Strecke mit einer Höchstgeschwindigkeit von 50 km/h im Einsatz.

Rakevet HaKala heißt »Leichtbahn« oder »der leichte Zug«. Von einem »Zug der Erleichterung« – so könnte man den hebräischen Begriff auch wörtlich übersetzen – ist jedoch weder vor Inbetriebnahme noch zu Beginn des Einsatzes wenig zu spüren: Die Waggons wurden bereits vor Jahren in Frankreich erworben und standen seither im Norden der Stadt auf dem Abstellgleis. Die monumentale Hängebrücke am Eingang von Jerusalem wurde schon vor langer Zeit feierlich eingeweiht und das Einzige, was Jerusalems Straßenbahn noch fehlte, waren Gleise.

Kurz vor Inbetriebnahme der Bahn kollabierte das vollständig computerisierte Ticketsystem. »Die Reparatur wird mindestens einen Monat in Anspruch nehmen«, besagte die Prognose. Kurzerhand entschied die Betreiberfirma *CityPass* in Absprache mit Regierung und Stadtverwaltung, dass die Verkehrsneuheit in den ersten Wochen kostenlos fährt.

In jedem Waggon fährt ein Schaffner mit, der den straßenbahnunerfahrenen Jerusalemern genau erklärt, wie man richtig Straßenbahn fährt: »Bitte festhalten!« Und: »Bitte nicht an die Tür lehnen!« Auf die Frage, was denn passieren würde, wenn man sich während der Fahrt an die Tür des sich so hochmodern gebenden Gefährts lehnen würde, meint der Experte todernst: »Das löst die Notbremse aus.« Das Verkehrsministerium soll völlig neue Verkehrsregeln für die Straßenbahn erlassen haben, die offensichtlich erst noch ins Bewusstsein der Verkehrsteilnehmer sickern müssen.

Ein Vater aus dem ultraorthodoxen Viertel Mea Schearim steigt zu. Staunend betrachtet er die technische Errungenschaft seiner Heimatstadt von innen und vergisst darüber seine Kinder. Fröhlich turnen diese im Gestänge, als die nagelneue Straßenbahn mit einem unsanften Ruck an der nächsten Station anhält. Die Kinder purzeln zwischen die Füße der Fahrgäste. Festhalten will gelernt und die Notwendigkeit dafür erfahren sein – zudem müssen die frisch gebackenen Straßenbahnführer noch lernen, wie man fahrgastfreundlich anhält.

Vor dem Damaskustor drängt eine Gruppe von muslimischen Pilgern über die Gleise. Immerhin ist Fastenmonat Ramadan und der Muezzin ruft vom *Haram Asch-Scharif*, dem Tempelberg, zum Gebet. Eine Gruppe von Polizisten steht bereit, welche die Frommen auf die Bedeutung der roten Ampel hinweist. Erschrocken weichen die Araber zurück – gerade noch rechtzeitig, bevor die gigantische Silberschlange vorbeizischt und durch sanftes Klingeln ihre Vorfahrt erzwingt.

An der nahe gelegenen Haltestelle verteilen junge Araber Werbematerial, das dem alteingesessenen Jerusalemer die Vorteile der *Rakevet Kalah* erklären soll. »Du musst dir eine Genehmigung holen, um mit mir reden zu dürfen!«, erklärt die freundliche Palästinenserin nachdrücklich: »Sonst dürfen wir nicht mit dir reden!« Auch das ist erstmalig. Normalerweise dürfen Journalisten mit allen reden – nur bestimmte Funktionsträger müssen sich autorisieren lassen, um mit uns reden zu dürfen.

Diese jungen Jerusalemer, die offensichtlich keine jüdischen Israelis sind, scheint der Gebetsruf von der Al-Aksa-Moschee ebenso wenig zu kümmern wie die Tatsache, dass es im Vorfeld der Straßenbahneröffnung auf internationaler Bühne zu heftigen Diskussionen um deren politische Korrektheit gekommen war. Immerhin fährt die Straßenbahn auch durch die Stadtteile *French Hill, Schuafat und Pisgat Zeev* – alles Gebiete, die Israel erst im Sechstagekrieg von 1967 erobert hat, weshalb sie in Europa als völkerrechtswidrig besetzt gelten.

Eine holländische Bank und ein schwedischer Pensionsfonds haben deshalb die Betreiber boykottiert. Die Palästinensische Autonomiebehörde hat mit Anklagen vor französischen Gerichten versucht, die freie Fahrt der Straßenbahn zu behindern, und sich noch im Jahr 2009 darum bemüht, die Straßenbahnbetreiber mit lukrativen Millionenangeboten aus den Golfstaaten dazu zu bewegen, das Jerusalemer Projekt einzustellen.

Ein israelischer Sicherheitsbeamter tastet mit seinem Metalldetektor einen älteren Palästinenser ab. Der lächelt und erklärt freundlich: »Morgen bringe ich alle meine Kinder, damit sie Straßenbahn fahren können.« – »Hoffentlich nur die Kinder und sonst nichts …«, murmelt der Sicherheitsmann und wendet sich dem nächsten Fahrgast zu.

Staatskontrolleur Micha Lindenstrauß hatte bereits im Mai 2008 moniert, dass das Projekt um 128 Prozent teurer würde als ursprünglich veranschlagt. Daran sind nicht nur die Gerichtsverfahren schuld, die das Jahrhundertprojekt der Heiligen Stadt begleitet haben. Die Planer haben sich alle Mühe gegeben, das Umfeld der Bahn ansprechend zu gestalten. So wurden entlang der Route in den Jahren 2009 bis 2011 mehr als 3 500 Bäume gepflanzt – bis das Transportministerium zu der Einsicht kam, dass Bäume zu nahe an den Gleisen die Sicht behinderten. Daher wurden mittlerweile bereits mehr als 170 Bäume wieder ausgegraben.

Schilder

Schilder sind in unserem Leben unentbehrlich, etwa Verkehrsschilder. An ihnen merkt man, welchen Herausforderungen sich Israel stellen muss. Das große orangefarbene Schild in der Negevwüste warnt in drei Sprachen – auf Hebräisch, Arabisch und Englisch: »Vorsicht, Kamele!« Inmitten eines Dreiecks steht ein Kamel.

Zwischen zwei Waggons der neuen Straßenbahn in Jerusalem sind gleich zwei Schilder angebracht, auf denen eine durchgestrichene Person abgebildet ist. Das bedeutet wohl, dass es verboten ist, zwischen den beiden Waggons durchzusteigen. Aus europäischer Sicht ist nur schwer vorstellbar, dass überhaupt jemand auf den Gedanken kommen könnte, zwischen zwei Straßenbahnwaggons hindurchzuklettern. Aber geduldiges Warten gehört nicht zu den israelischen Tugenden.

Warnschilder zwischen den Waggons von Jerusalems neuer Straßenbahn

Obwohl ich schon viele Jahre in Jerusalem lebe, kann ich mich noch immer nicht daran gewöhnen, dass hinter mir immer gehupt wird, wenn ich an einer Ampel, die grün wird, nicht wie eine Rakete starte. Kurz vor der roten Ampel hat man noch versucht mich zu überholen, um danach genug Zeit zu haben, mitten auf der Straße mit einem Bekannten von Autofenster zu Autofenster palavern zu können. Ich vermisse ein Schild, das bestimmt: Alle Autofahrer, die im Vorbeifahren einen Nachbarn, Freund oder Bekannten getroffen haben, werden gebeten am Straßenrand zu parken und ihre Unterhaltung fortzuführen, ohne den Verkehr zu behindern. Das Warten, bis jemand ausgeredet hat und die Straße wieder frei macht, fällt auch mir unheimlich schwer.

Sportbegeistert

Wieder einmal im Bus werde ich Zeuge eines Gesprächs zwischen Busfahrer und Fahrgast. Der Passagier gibt sich als *Yeruschalmi* – als gebürtiger Jerusalemer – zu erkennen und zeigt, wo sich im heute dicht bebauten Orthodoxenviertel einst ein Fußballplatz befand. Die Tel Aviver beobachten derweil mit Nostalgie und Unbehagen, wie ihr altes Fußballstadion abgerissen wird. An seiner Stelle sollen moderne Hochhäuser gebaut werden.

Vor ein paar Jahren reisten die Spieler der Basketballmannschaft Makkabi Tel Aviv nach Prag zu einem Spiel mit der russischen Mannschaft ZSKA Moskau. Das Ganze wurde im jüdischen Staat mit großem Interesse verfolgt. Ein israelischer Reporter befragte auf dem Prager Wenzelsplatz Passanten und erfuhr, dass die Tschechen sich ziemlich einig waren: Fußball und Hockey sind interessant; Basketball lässt sie kalt. In Israel wurde folgendermaßen kommentiert: Hätte man Eis, interessierte man sich auch für Hockey und ebenfalls für Fußball – hätten die israelischen Spieler nur europäisches Niveau.

Heute ist man in Israel stolz auf den Stürmer Yossi Benayoun, der momentan von der englischen Mannschaft Chelsea an den FC Arsenal ausgeliehen ist, und auf Itay Shechter, der immerhin 2011 für den FC Kaiserslautern zwei Bundesligatore geschossen hat.

Die beliebtesten Sportarten in Israel sind – nicht nur vom Sofa aus gesehen – Fußball und Basketball. Jedes Städtchen hat seine eigene Mannschaft. Die meisten Sportvereine heißen *Makkabi*, *Po'el* oder *Beitar*.

Makkabi heißt der internationale jüdische Sportverein, der 1921 auf dem 12. Zionistenkongress im tschechischen Karlsbad gegründet wurde und bis heute weltweit unter der jüdischen Jugend tätig ist. Die Makkabäer waren Helden des erfolgreichen jüdischen Aufstands gegen den hellenistischen Herrscher Antiochus Epiphanes im zweiten Jahrhundert vor unserer Zeitrechnung. Sie gelten als Symbol der Treue zum Gott Israels und zu jüdischen Werten angesichts heidnischer Kulte. Die weltweite Makkabi-Union MWU organisiert alle vier Jahre eine jüdische Olympiade, die »Makkabiade«.

Wenn die Jerusalemer Basketballspieler von HaPoel Yeruschalayim antreten, tobt das Stadion

Auch *Beitar* war ursprünglich eine jüdische Jugendorganisation, die 1923 von Zeev Jabotinsky in Riga gegründet worden war. Der Name *Beitar* erinnert einerseits an eine Ortschaft dieses Namens unweit von Bethlehem, wo der Tradition zufolge der Anführer des zweiten jüdischen Aufstands gegen die Römer, Simon Bar Kochba, 135 nach Christus gefallen war. Andererseits ist *Beitar* ein Akronym für *Brith Yosef Trumpeldor*. Joseph Trumpeldor war ein jüdischer Kriegsheld der russischen Armee, der gemeinsam mit

Jabotinsky an der Gründung der Jüdischen Legion beteiligt gewesen war, die im Rahmen der britischen Armee gegen das osmanische Reich kämpfte. Trumpeldor fiel 1920 bei einem arabischen Angriff auf die jüdische Ortschaft Tel Chai in Galiläa.

Po'el heißt einfach »Arbeiter«. In der Regel sind die so bezeichneten Gruppen Arbeitersportvereine.

Israelis treiben allgemein gern Sport und melden ihre Kinder außer zu Fußball und Basketball auch zu Schwimmkursen, Gymnastik, Judo, Tennis und anderen Aktivitäten an. Seit der Einwanderungswelle aus Russland gibt es in Israel auch Eiskunstlauf. Sport ist auch ein wichtiges Schulfach in Israels Schulen, bis zum Abitur. Am Strand des Mittelmeers sieht man viele Jogger und auch alle Arten von Wellenreiten, Surfen und Segeln sind sehr beliebt.

Bei den Olympischen Sommerspielen 2004 gewann der Windsurfer Gal Fridman die erste olympische Goldmedaille in der Geschichte Israels, nachdem er bereits 1996 aus Atlanta eine Bronzemedaille mitgebracht hatte. Seine Kollegin Lee Korzits errang im Dezember 2011 im australischen Perth zum zweiten Mal den Weltmeistertitel der Damen. Von den paralympischen Spielen kommen israelische Athleten regelmäßig mit Medaillen zurück.

Doch Sportler aus Israel haben es nicht immer leicht. So konnte Shachar Pe'er, die in der Weltspitze Tennis spielt, 2009 in Dubai nicht an einem Turnier teilnehmen, weil die Arabischen Emirate ihr die Einreise verweigerten. In Neuseeland konnte sie zwar antreten, wurde aber zuvor von palästinensischen Demonstranten behindert.

Im gleichen Jahr fand in der Türkei die Schachjugendweltmeisterschaft statt. Als die Israelin Marsel Efroimski gewann, wartete sie bei der Siegerehrung vergeblich auf ihre Nationalhymne. Die türkischen Organisatoren wollten die *HaTikvah* nicht spielen lassen. Auf dem Ben Gurion Flughafen wurde sie dann von ihrer Familie und Freunden mit der israelischen Hymne begrüßt.

Tiefpunkt der jüdischen Sportgeschichte sind zweifellos die Olympischen Spiele 1972 in München. Elf israelische Sportler wurden damals von palästinensischen Terroristen ermordet. Seitdem wird ihrer bei der Eröffnungszeremonie der Makkabiade regelmäßig gedacht.

Seit 2011 gehört Jerusalem zu den Gastgebern eines internationalen Marathons. »Nur wenige Städte der Welt können auf der Strecke eines einzigen Marathons so viele atemberaubende und inspirierende Aussichten bieten wie Jerusalem!«[1] Mit diesen Worten lädt Bürgermeister Nir Barkat zu dem großen Ereignis für den 16. März 2012 Sportfans aus der ganzen Welt in die Hauptstadt Israels ein.

»Hier seid ihr zu Hause!«

Jeder kann auf Youtube den Rocksänger mit der Kippa sehen, der mit ansteckender Begeisterung singt: »I was born in the USA, I am making Aliya today« – »Ich bin in Amerika geboren, heute wandere ich nach Israel aus.« Das Wort Israel kommt in dem englischen Satz zwar nicht vor, aber jedem jüdischen Menschen ist klar, was »Aliya« bedeutet. Der Ausdruck stammt aus dem Hebräischen und bedeutet soviel wie »Aufstieg« oder »Hinaufgehen«.

Im biblischen Hebräisch steigt man in das Land Israel oder nach Jerusalem immer »hinauf«. Wer das Land verlässt oder aus Jerusalem wegzieht, steigt ab. Obwohl es aus menschlicher Sicht für einen Neueinwanderer oft kein Aufstieg ist, wenn er eine neue Sprache lernen, sich an ein neues Umfeld gewöhnen und eine Arbeit, die oft weit unter seinem ursprünglichem Berufsniveau liegt, suchen muss. Aus Sicht der Bibel ist ein Umzug nach Israel immer ein Aufstieg.

Im 20. Kapitel des Propheten Hesekiel spricht der Herr: »An jenem Tag schwor ich ihnen mit erhobener Hand, sie aus Ägypten zu führen und in ein Land zu bringen, das ich für sie ausgekundschaftet hatte – ein Land, in dem Milch und Honig überfließen, eine Zierde unter all den Ländern« (Vers 6). Wer mich kennt, weiß, dass ich beim Anblick von Palmen, Meer und Wüste nicht weich werde. Der Anblick von blühenden Wiesen und grünen Wäldern begeistert mich. Kein Wunder! In den tschechischen Legenden wird erzählt, wie der Urgroßvater Tschech, als er auf dem Berg Říp stand und auf das wunderschöne Tschechien blickte, berührt ausrief: »Dies ist das Land, das von Milch und Honig fließt.« Vielleicht muss man Abraham zum Vorvater haben, um im Land Israel »eine Zierde unter all den Ländern« erkennen zu können?!

Vor langer Zeit hat mir eine nach Israel eingewanderte amerikanische Jüdin erzählt, dass es in Amerika viele Vereine gibt, die Juden auf eine Ausreise nach Israel vorbereiten. Die meisten amerikanischen Juden bereiten sich ein ganzes Leben lang vor, ohne jemals ins verheißene Land zu kommen. So meinte meine Gesprächspartnerin, dass viele Juden in den USA mit einem schlechten Gewissen leben, in einem permanenten Widerspruch: »Alle Gebote, alles, was wir in Amerika praktiziert haben, ist eine Vorbereitung auf das Leben in Israel: Wir beten in Richtung Jerusalem; unsere Gebete reden von der Sehnsucht nach Jerusalem. Physisch und emotional sind wir mit Jerusalem verbunden«, erklärte sie mir.

Im Jahre 1947 schrieb Zippora Borowsky aus Palästina einer Freundin nach New York: »Diejenigen, hinter denen nur verbrannte Brücken sind, haben keine andere Wahl als sich hier anzupassen. Aber den Amerikanern steht der Rückweg offen. Es ist hart, sich durch den Schlamm nach vorne zu quälen, wenn hinter dir eine asphaltierte Autobahn liegt ... In New York Zionist zu sein, ist etwas ganz anderes, als Zionist in *Eretz Yisrael* zu sein – da geht es nicht um Worte, sondern um Taten. Tatsache ist, dass die einfache Präsenz im Land von Bedeutung ist. Ich lerne eine andere Definition von Zionismus, eine andere Definition des Lebens überhaupt.«[2]

Den Juden in Amerika geht es gut, und »es gibt dort keinen Antisemitismus«, meint David, obwohl er sich daran erinnert, in seiner Kindheit selbst als »Christusmörder« beschimpft worden zu sein. Aber »das Quälen durch den Schlamm« und anstrengende Seefahrten gehören heute für amerikanische Neueinwanderer längst der Vergangenheit an. Einen modernen Flughafen, Autobahnen, Wirtschaftswachstum, das alles bietet ihnen heute der Staat Israel. Es gibt sogar Juden, die wegen der Wirtschaftskrise Amerika verlassen und eine sichere Zukunft in Israel suchen. »Die brauchen wir hier aber nicht!«, regt sich Robin auf, die schon seit dreißig Jahren in Israel lebt: »Diese Leute wollen nur die Vorteile für Neueinwanderer genießen und letztendlich ziehen sie doch wieder weg!«

Neueinwanderer, die das Land wieder verlassen haben, nennt man im Hebräischen *Yordim* – »Absteiger«. Interessant ist, dass die Bibel den hebräischen Ausdruck »aufsteigen« dem Pharao in den Mund legt, wenn er über die Israeliten sagt: Sie könnten »gegen uns kämpfen und aus dem Lande fortziehen«, wörtlich »und aus dem Lande aufsteigen«. Normalerweise steigt man auf in ein Land und dann handelt es sich um das Land Israel. Im Fall von Ägypten ist das Verlassen des Landes ein Aufstieg. So hat selbst der Pharao es gesagt (2. Mose 1,10).

Anfang Juli 2009 fand in Israel die »Makkabiade« statt, die jüdische Olympiade. Große und kleine Gruppen von jüdischen Sportlern aus 65 Ländern marschierten bei der feierlichen Eröffnung in Ramat Gan ein und trugen stolz die Fahnen ihrer Länder. Darunter war auch die deutsche Nationalflagge. Die Athleten waren begeistert von der Atmosphäre eines Sportereignisses, an dem nur jüdische Menschen teilnahmen. Die israelischen Kommentatoren sprachen nicht nur über die sportlichen Leistungen, sondern auch über Themen wie Holocaust, die Beziehung der verschiedenen Länder zu den Juden und über die *Aliya*. Premierminister Netanjahu begrüßte die Sportler: »Dies ist euer Land. Hier seid ihr zu Hause. Kommt zurück und werdet ein Teil von uns: ›Make *Aliya*!‹«

Niemand weiß genau, wie viele Juden heute in den USA leben. Im Juni 2008 schrieb Professor Ira M. Sheskin in einer demografischen Studie: »Vor mehr als 350 Jahren hat eine Gruppe von 23 Juden aus Recife (Brasilien) vor Verfolgung durch die Portugiesen in New Amsterdam, dem heutigen New York, Zuflucht gesucht … Diese dreiundzwanzig ist anscheinend die letzte genaue Zahlangabe von amerikanischen Juden.«[3]

Die Zählung der jüdischen Bevölkerung in den USA ist aus mehreren Gründen schwierig. Juden müssen sich in Amerika nicht als Juden ausweisen. Außerdem gibt es keine einheitliche Definition dafür, wer eigentlich Jude ist. Nur wer eine jüdische Mutter hat, wird von orthodoxen und konservativen Juden als Jude anerkannt.

Reformierte Juden anerkennen aber auch als Juden, wer einen jüdischen Vater hat. Es ist möglich, zum Judentum zu konvertieren. Alle Gruppen sind sich darin einig, dass »ethnische Juden, die Jesus als ihren Messias angenommen haben – die sogenannten ›Messianischen‹ – nicht mehr als Juden gelten«, erklärt Sheskin. Soziologen betrachten auch diejenigen als Juden, die zwar jüdischer Abstammung sind, sich aber selbst nicht für jüdisch halten, weil sie sich dem Atheismus, Agnostizismus oder einer anderen Religion zugewandt haben.

Laut Schätzungen sind 1,7 bis 2,1 Prozent der Bevölkerung Amerikas Juden. Aber fast 40 Prozent der Amerikaner denken, dass 20 Prozent von ihnen Juden seien. Im Jahr 2006 waren im Abgeordnetenhaus dreißig Juden vertreten. Die jüdischen Amerikaner leben hauptsächlich in zwölf Ballungszentren: New York, Los Angeles, Broward, Washington, Boston, Chicago, San Francisco, Philadelphia, South Palm Beach, West Palm Beach, Atlanta und Miami.

Durch gründliche demografische Studien kommt Sheskin zu dem Schluss, dass in den USA 6 bis 6,4 Millionen Juden leben, was die Zahl der in Israel lebenden Juden übersteigt. »Aus den bescheidenen Anfängen von zwanzig Personen im 17. Jahrhundert ist eine amerikanisch-jüdische Bevölkerung gewachsen, die im 20. Jahrhundert die Mehrheit der weltweiten jüdischen Bevölkerung umfasste.« Das wird sich wahrscheinlich bald ändern. »Welcher jüdische Demograf hätte 1880 die riesigen Veränderungen des 20. Jahrhunderts vorausgesagt: Das bedeutende Wachstum des jüdischen Volkes nach dem Holocaust und die Umsiedlung der Juden von Europa nach Amerika und Israel, sowie aus den arabischen Ländern nach Israel?«

Vor langer Zeit hatte der Prophet Jeremia den nach Babylon weggeführten Juden ein Wort des Herrn auszurichten: »Baut Häuser und richtet euch dort zum Wohnen ein. Legt Äcker und Gärten an und freut euch an den Früchten, die ihr erntet. Heiratet und zeugt Söhne und Töchter … Euer Volk soll wachsen und nicht kleiner werden. Setzt euch ein für den Frieden und das Wohlergehen Babels, wohin ich euch als Verbannte geschickt habe. Betet für das Wohlergehen der Stadt – denn wenn die Stadt, in der ihr gefangen gehalten werdet, Frieden hat, habt ihr auch Frieden … Dann will ich das Gute, das ich euch versprochen habe, in Erfüllung gehen lassen und werde euch wieder in euer Land zurückbringen. Denn ich weiß genau, welche Pläne ich für euch gefasst habe, spricht der Herr. Mein Plan ist, euch Heil zu geben und kein Leid. Ich gebe euch Zukunft und Hoffnung.« (Jeremia 29,5-7.10f)

Was ist Heimat?

Was macht einen Ort zur Heimat? – Die Sprache, mit der man aufgewachsen ist? Die Natur, die einen umgibt? Das Wetter, das man gewöhnt ist? Die Schule, in die man gegangen ist? Die Art und Weise, wie Menschen miteinander umgehen? Die Sitten, das Essen, die Feste, die man feiert? Die Lieder, die man gesungen hat? Das Blut, das für ein Land vergossen wurde?

All diese Dinge stelle ich mir vor, wenn ich an Heimat denke. Doch Merav meint: »Ich liebe meine Heimat, obwohl es nicht leicht ist, hier zu leben. Die Beziehung zum Land ist wie eine Ehe. Man bleibt zusammen im Guten wie im Bösen. Hierher gehöre ich. Ich weiß, dass man mich als Jüdin nirgendwo anders haben will. Auch die Araber wollen uns hier nicht haben. Aber wer die Geschichte kennt, weiß, dass hier unsere Vorväter gelebt haben. Wir gehören hierher.«

Und dann fängt sie unvermittelt an über ihren Glauben zu reden: »Ich bin nicht religiös. Aber ich glaube an Gott. Vielleicht mehr als jemand, der ein religiöses Judentum lebt. Ich weiß, dass alles geführt wird. Trotzdem habe ich eine große Entscheidungsfreiheit. Rabbi Nachmann sagte: ›Du bist dort, wo deine Gedanken sind.‹ Was beschäftigt dich am meisten? Darüber kann ich selber entscheiden! Im Judentum glauben wir, dass das Erbe, das wir hinterlassen, nicht die materiellen Güter sind, sondern das, was wir unseren Kindern weitergegeben haben. Was bleibt nach meinem Tod? Was hat Bestand? Wir glauben, dass der Herr alles nehmen kann, nur das nicht, was wir in der Seele haben; unsere Liebe, unsere Freigiebigkeit, unsere Barmherzigkeit. Das wird uns Gott niemals nehmen.«

»Ich habe die Tora nie richtig studiert. Aber die Geschichten an sich sind schon unheimlich spannend und wunderbar; etwa der Auszug aus Ägypten oder Samson und Delila. Wer aber mehr versteht und lernt, der entdeckt eine tiefe, verborgene Bedeutung. Die Tora lehrt uns: ›Erinnere dich an deine Herkunft. Du warst Sklave.‹ Das hilft im Umgang mit anderen Menschen. Außerdem sind heute viele Menschen Sklaven ihrer Süchte, zum Beispiel der Einkäufe.«

»Die Zehn Gebote sind in der zweiten Person gegeben, ganz persönlich, dir! Das heißt: Selbst wenn alle um dich stehlen – du sollst nicht stehlen!«

»Wichtig ist auch, dass du wieder in Ordnung bringen kannst, was du falsch gemacht hast. Hast du über die Schöpfung nachgedacht? Warum wurde die Ameise oder der Baum vor dir geschaffen? Es ist alles für dich!«

Merav kommt plötzlich auf die Speisevorschriften zu sprechen: »Außerdem ist mir Kaschrut wichtig. Wir schlachten ein Tier auf eine besondere Art, sodass fast kein Blut im Fleisch bleibt. In einem Buch habe ich gelesen, dass viele Gebote der Tora von der modernen Wissenschaft für weise befunden wurden. So werden etwa die Jungen am achten Tag beschnitten. Da ist die Blutgerinnung am niedrigsten. Wenn ich woanders leben würde, wäre es schwer, alle diese Gebote beizubehalten.

Der jüdische Kalender ist mir wichtig. Von allen Festen mag ich das Passahfest am liebsten – obwohl es auch das schwerste Fest ist. Es ist physisch sehr anstrengend, weil du beim Putzen in jede Ecke gelangen musst. Das sehe ich aber als eine geistliche Übung: Ich muss den Sauerteig, also alles Schlechte, aus mir selbst herausholen. Dabei denke ich dann etwa an die Beziehung mit meiner Schwiegermutter. Ist die so, wie sie sein sollte?

Im Judentum hat alles eine tiefe Bedeutung. Der Sauerteig ist etwas, das sich aufbläst. Die Matze, das ungesäuerte Brot, dagegen ist ganz dünn. Da ist nichts Aufgeblasenes mehr, nur das Wichtigste bleibt.

Außerdem braucht jedes Fest, jede Sache im Judentum, eine Vorbereitung. Nach Pessach kommt das Omerzählen, das eine Art Trauerzeit ist. Die gipfelt nach 50 Tagen im Wochenfest, *Schawuot*, an dem wir das Geschenk der Tora feiern. Aus der Dunkelheit bricht Licht hervor.

Natürlich verbindet mich mit meinem Land auch vieles, was wir erlebt haben. Weißt du, dass die Jemeniten die Erde geküsst haben, als sie hier ankamen? Jedes Jahr hatten wir gebetet: ›Nächstes Jahr in Jerusalem!‹ Meine Eltern kamen aus Persien. War das schwer! Mein Vater war ein angesehener Bankbeamter, der mehrere Sprachen sprach. Hier in Israel musste er auf einmal im Moschaw im Kuhstall arbeiten.«

Für Merav bedeutet Heimat also, Jüdin sein zu dürfen im Land ihrer Vorväter. Heimat ist für sie die Verbundenheit mit der Tora, dem Wort Gottes, und auch die Opfer, die ihre Eltern bringen mussten, um in dieses Land zurückzukehren.

Der heiße Wüstenwind

»Jerusalem muss wunderschön sein«, träumte mein Prager Freund, umgeben von frischem Grün und dem süßen Duft der Flieder. Tatsächlich ist Jerusalem aber oft eingehüllt in Staubwolken. Der heiße Wüstenwind drückt den feinen Sand in jede Ritze. Die Meteorologen hatten uns rechtzeitig gewarnt, weder Autos noch Fenster zu putzen und schon gar keine Wäsche aufzuhängen. Alle sollten zu Hause bleiben und wer doch unbedingt auf die Straßen gehen müsse, solle die Luft gefälligst nicht einatmen.

Der staubige Sand knirscht zwischen den Zähnen. Man fühlt sich wie das Aschenputtel, das gerade aus dem Kamin gekrochen ist. Die Ampeln leuchten eigenartig in der gelb-braunen Luft. Als ob das alles nicht reichte, platschen dann vom Himmel noch schwere, warme, braune Tropfen. Es ist kein Regen, aber genug Feuchtigkeit, um den Staub auf Autos, Fenstern und Wäsche zu verschmieren. So ein Wetter ist der Albtraum einer jeden Hausfrau, die tagelang geschuftet hat, um rechtzeitig vor dem Passahfest den Frühjahrsputz zu erledigen. Und dieser Albtraum erfüllt sich Jahr für Jahr.

Wenn ich an den trockenen, heißen, staubigen Sommer denke, möchte ich mich überhaupt nicht vom frischen Grün der Regenzeit und den Frühlingsfarben verabschieden. Nach Jahren des Heimwehs nach Europas Wäldern entdeckte ich die Schönheit des Meeres und sogar der Wüste. Die israelischen Pinien- und Zypressenwälder sind in der kalten Jahreszeit voller Wildblumen, im Sommer dagegen staubig, voller Disteln und Dornen. Ich habe mich nie nach Exotischem gesehnt und kann mich bis heute für Vertrautes und Altbekanntes begeistern.

Der Spätfrühling ist in Israel sehr wechselhaft. Die Temperaturen steigen und sinken. Es ist heiß, kalt, dann wieder heiß und kalt. Wenn der Herr nicht die himmlischen Schleusen öffnet, um

Regen zu schenken und stattdessen den heißen staubigen Wüstenwind schickt, verwelkt die zarte Blumenpracht innerhalb von wenigen Stunden. Das erinnert uns daran, wie vergänglich wir selbst sind. Im Moment sind wir da und im nächsten Augenblick schon nicht mehr.

Der Psalmist, Hirte, König und Prophet David, war sehr eng mit dieser Natur verbunden. Er empfand stark, wie sehr das Land im Sommer ein Gleichnis für das durstige Verlangen nach Gott ist. »Meine Seele dürstet nach dir, mein ganzer Leib sehnt sich nach dir in diesem dürren, trockenen Land, in dem es kein Wasser gibt.« (Psalm 63,2) Nein, ich freue mich nicht auf den Sommer. Aber ich freue mich auf das »unvergängliche Erbe, das rein und unversehrt im Himmel (für uns) aufbewahrt wird.« (1. Petrus 1,4)

Das Gesicht des modernen Israel

Am ersten Aprilwochenende 2009 eröffnete die Stadt Tel Aviv die Feiern zum 100. Geburtstag der Stadt, rechtzeitig zum jüdischen Passahfest, wenn viele säkulare Israelis ins »sündige« Tel Aviv fliehen, um dort Unkoscheres – im Falle von Pessach »Gesäuertes« – zu essen. Unter dem Motto »100 Jahre der ersten hebräischen Stadt – Tel Aviv-Jaffa« stand auch der Unabhängigkeitstag des Staates Israel desselben Jahres. »In Jerusalem wird gebetet, in Haifa gearbeitet und in Tel Aviv gefeiert – und zwar rund um die Uhr.« So beschreibt der Volksmund die Charaktere der drei größten Städte Israels, wobei Tel Aviv als »Stadt ohne Pause« gilt.

Tel Aviv ist der absolute Gegenpol zu Jerusalem. Die 60 Kilometer von Jerusalem nach Tel Aviv entsprechen der Entfernung zwischen zwei Planeten. Während Jerusalem die »heilige Stadt«, die Stadt der Gebete und der religiösen Lehre, der Rabbiner, Popen Priester und Imame ist, bleibt Tel Aviv die Hauptstadt der »hebräisch sprechenden Heiden«. Nur in einem Punkt sind sich Tel Aviver und Jerusalemer einig: Beide sind überzeugt, dass ihre Heimatstadt das »wahre« Israel verkörpert.

Einfach ekelhaft war das, was dem Apostel Petrus auf dem Dach des Hauses von Simon, dem Gerber, in der Hafenstadt Jaffa geboten wurde: »Etwas wie ein großes Tuch wurde an den vier Zipfeln zur Erde heruntergelassen. In diesem Tuch befanden sich verschiedene vierfüßige Tiere sowie Schlangen und Vögel. Er hörte eine Stimme, die sprach zu ihm: »Petrus, steh auf. Schlachte sie und iss davon.« Die Antwort des orthodoxen Juden konnte da nur sein: »Niemals, Herr. In meinem ganzen Leben habe ich noch nie etwas gegessen, das uns nach unserem jüdischen Gesetz verboten ist.«

Petrus musste nicht essen, was ihm in der Vision am Mittelmeerstrand gezeigt wurde. Aber er musste lernen, Grenzen zu überschreiten und auf die nichtjüdische Welt zuzugehen (Apostelgeschichte 10). Auch dem Propheten Jona war zum Davonlaufen zumute. Auch er wurde vom Gott Israels zu den Heiden gesandt. Jaffa war für ihn das Tor zur weiten Welt, die Möglichkeit zur Flucht vor dem Gott der Hebräer (vergleiche das Buch Jona). Stolz verweist die Stadt Tel Aviv-Jaffa auf eine 4000-jährige Geschichte.

Für die Pilger im 19. Jahrhundert war die kleine, schmuddelige Hafenstadt das Tor zum Heiligen Land. 1820 ließ sich der erste jüdische Reisende aus Konstantinopel in Jaffa nieder. In den darauf folgenden Jahren schlossen sich ihm weitere sephardische und aschkenasische Juden an. Dem Widerstand der osmanischen Behörden zum Trotz, begannen Juden im Umfeld des Städtchens Land zu kaufen.

Am 11. April 1909 traf sich eine Gruppe jüdischer Pioniere am Strand, wenige hundert Meter nördlich von Jaffa, um eine neue Siedlung abzugrenzen. *Achusat Bait* sollte sie heißen, was einfach »Hausgrundstück« bedeutet. In den folgenden Jahren wurden viele Namen für die erste hebräische Stadtgründung der Neuzeit diskutiert: Neu-Jaffo, Neve Jaffo, Nof Jaffo, *Aviva*, Schönheit, Ruhe, *Ivriah* und auch *Herzelija*, nach dem Gründungsvater des modernen Zionismus, Theodor Herzl.

Der Name *Tel Aviv* taucht erstmals am 21. Mai 1910 auf. Nachum Sokolov hatte so seine Übersetzung des programmatischen Buches von Theodor Herzl, »Altneuland«, betitelt. Für Sokolov war entscheidend, dass *Tel* und *Aviv* das Alte und das Neue miteinander verbinden. *Tel* ist ein Trümmerhügel, auf dem im Laufe der Jahrtausende eine Stadt über der anderen gebaut und wieder zerstört worden war. Und *Aviv* heißt »Frühling«, bezeichnet den Neuanfang, das Blühen nach einer langen, dürren Trockenzeit.

So kam die erste moderne hebräische Stadt zu ihrem Namen »Frühlingshügel«. Der Name kommt übrigens bereits in der Bibel vor. Im Rahmen seiner Berufungsgeschichte schreibt der Prophet Hesekiel: »Ich gelangte zu den Verbannten in Tel Aviv am Fluss Kebar. Ich setzte mich zu ihnen und saß sieben Tage lang bei ihnen, starr vor Entsetzen.« (Hesekiel 3,15)

Während des Ersten Weltkrieges vertrieben die osmanischen Herrscher die Juden aus Jaffa. Aber erst während der arabischen Aufstände von 1921 zogen die meisten Juden von Jaffa nach Tel Aviv um. Als dann Ende der 1940er-Jahre der israelische Unabhängigkeitskrieg ausbrach, wurde Tel Aviv von arabischen Stellungen in Jaffa aus unter Beschuss genommen. Die jüdische Verteidigungsmiliz *Hagana* eroberte Jaffa. Die meisten der 100 000 arabischen Einwohner der Stadt flohen. 1949 wurden Tel Aviv und Jaffa vereinigt.

Zvi Blumenfrucht blättert gedankenverloren in den vergilbten Blättern auf seinen Knien. Es war ein Sammelband der alten jiddischen Zeitung »Der Jude« – mehr als 109 Jahre alt und erschienen in Krakau. Das Buch hat Blumenfrucht einst von seinem Lehrer und Freund Professor Martin Buber bekommen. Heute hilft dieser historische Schatz ihm beim Träumen von der alten, für immer verloren gegangenen Heimat.

Nachdem er das Vernichtungslager Auschwitz und die endlosen Todesmärsche durch Europa überlebt hatte, kam er 1946 nach Tel Aviv. »Viel Sand, viel Staub, endlose Plantagen, viel Sonne und Malaria … All das war Tel Aviv«, erinnert sich Zvi Blumenfrucht. »Und es war eine ganz neue Welt: Eine jüdische Stadt, in der nur Juden wohnten. Ausschließlich Juden!

Die vielen jungen Leute strahlten Freude und Stolz aus. Sie waren gekommen, um die erste zionistische Stadt zu bauen.« Zvi wird nicht müde, das zu betonen: »Eine jüdische Stadt, eine ausschließlich jüdische Stadt! Jeden Tag sind wir in unsere einfachen Unterkünfte zurückgekehrt und wir haben gewusst: Wir haben etwas erreicht! Wir haben etwas gemacht! Wir haben etwas aufgebaut!«

Dabei strahlt der gebrechliche alte Herr eine natürliche Bescheidenheit aus, die fast schon an die Verklemmtheit des osteuropäischen Juden erinnert, der im Stetl Polens aufgewachsen ist. Er schämt sich für den Stolz, gebraucht gar das Wort »faschistisch« um die Einstellung der damaligen Jugend Tel Aviv zu beschreiben. Er träumt von der Stadt, die deutsche Juden in Palästina gebaut hatten, Naharija. Dort war die Atmosphäre ganz anders: »Bittescheen, Herr Professor! Dankescheen, Herr Doktor! – Das waren alles Professoren und Doktoren, die damals in den 1930er-Jahren aus Deutschland kamen. Sie waren kultiviert, höflich – und alle sprachen Deutsch, denn etwas anderes konnten sie nicht.«

Moderne Mittelmeermetropole Tel Aviv von Jaffa aus gesehen

Zvi Blumenfrucht erinnert sich an die große Gemeinschaftsküche in der Brennerstraße Nummer 14 in Tel Aviv. »Dort gab es viel *Pita* (Fladenbrot) und *Humus* (Kichererbsenbrei) und jeden Tag einen großen Fisch.« Der alte Journalist, der sein Leben lang für jiddische Zeitungen geschrieben hat, zeichnet ein schillerndes Bild vom Tel Aviv vor der Staatsgründung. »In großen Buchstaben stand dort: ›Hier wird Hebräisch gesprochen!‹« In Naharija wäre er mit Deutsch durchgekommen. Aber in Tel Aviv ging nichts ohne Hebräisch.

»Vielleicht bin ich zu empfindlich«, grübelt Blumenfrucht, »vielleicht erinnere ich mich aber auch nur zu gut an diese Dinge. Aber das hat mich an ein Schild erinnert, das ich als Kind im Ghetto von Lodz gesehen habe, das die Nazis aufgehängt hatten: ›Hier wird nur Deutsch gesprochen!‹ – Irgendwie hatte ich Schwierigkeiten, mich mit so etwas zu identifizieren. Dort hatte es einen sprachlichen Chauvinismus gegeben – und hier auch ...«, sinniert er. »Aber vielleicht war das ja auch legitim für Leute, die direkt aus Europa, aus den Vernichtungslagern, von den Todesmärschen gekommen waren und hier den Widerstand der Briten und Araber überlebt hatten?«

»Wegen diesem Stolz habe ich Tel Aviv nie geliebt«, erklärt Zvi Blumenfrucht, der heute mit seiner Frau Hanna südlich von Jaffa in Bat Jam lebt. »Ich mag den selbstbewussten Krach nicht, den Tel Aviv macht. Ich liebe die Stille.« Plötzlich wird ihm klar, dass er sich in seinen Erinnerungen und seiner Bewertung einer Stadt, der man eigentlich zum 100. Geburtstag gratulieren sollte, verheddert hat. Er merkt, wie seine Aussage politisch missbraucht werden könnte und betont deshalb ganz unvermittelt: »Ich bin kein politisch denkender Mensch. Wenn die Leute über Politik reden, halte ich den Mund. Alles, was ich in meinem Leben geschrieben habe, hatte nichts mit Politik zu tun.«

Und dann erinnert sich Zvi Blumenfrucht wehmütig an die alten zionistischen Lieder und die Hora-Tänze sowie an das alte Hebräisch, das wieder zu neuem Leben erweckt wurde. »Den Markt *Schuk HaKarmel* habe ich sehr gerne. – Warum? – Ich weiß es nicht genau. Aber der Geruch der frischen Früchte ist besonders. Auch die Enge: Jeder berührt den anderen.« Blumenfrucht reibt sich am Ärmel und spürt dabei scheinbar die Berührung der Menschen nach. »Ich liebe den Geruch der Fische auf dem Markt, den Geruch des Fleisches, des *Kebab*, den sie auf der Straße braten.«

Das Tel Aviv von heute hat keinen Charakter mehr im Vergleich zu den Erinnerungen, die dieser Mann der ersten Stunde des jüdischen Staates mit sich trägt. Tel Aviv ist heute nur noch eine große Stadt, mit allen Annehmlichkeiten und natürlich auch dunklen Seiten: Es gibt eine florierende Diamantenbörse und das Elend illegaler Gastarbeiter. Außerdem gibt es weltweit bewunderte Hochschulen und Forschungsinstitute, aber auch organisierte Kriminalität und Prostitution. Und natürlich ist Tel Aviv bekannt für seine weißen Sandstrände, direkt vor den Hotels. Sonne ist garantiert. Nur sind die Strände in letzter Zeit eher durch Pannen im Abwassersystem ins Gerede gekommen. An den ersten heißen Wochenenden diesen Jahres warnen schwarze Flaggen an den hölzernen Hochständen der Lebensretter: »Baden verboten«.

»Du musst auch von den Museen schreiben, die es hier gibt«, weist Zvi Blumenfrucht mich an. Auf dem Grundstück, wo einst seine geliebte *Tachkemoni*-Schule stand, steht heute das *Kol-Bo-Schalom*-Hochhaus. »Die Einstellung ›Ich habe das Geld, mir ist alles erlaubt‹ hat mir in Tel Aviv noch nie gefallen«, wird er wieder kritisch. Andererseits sitzt im *Kol-Bo-Schalom*-Hochhaus heute auch der Rat der Holocaustüberlebenden. Und dort bekommt das Ehepaar Blumenfrucht als Holocaustgeschädigte alle zwei Jahre das Geld für einen Urlaub.

»Heute hört man in Tel Aviv viel Englisch und Russisch.« Zvi lehnt sich zurück: »Also, wo bleibe ich da? Ich, der kleine Jude, der kam, um diesen Staat zu bauen – anstatt nach Amerika zu fahren. Mein Onkel in Amerika hat deshalb viele Jahre nicht mit mir gesprochen, weil ich hierhergekommen bin. Aber wenn ich heute durch Tel Aviv gehe, dann fällt es mir schwer zu sagen, dass das eine hebräische Stadt ist. Das heutige Tel Aviv hat nichts mehr mit der Stadt zu tun, die sich Dizengoff erträumt hat – der Bürgermeister, der hier mit dem Pferd herumgeritten ist und stolz auf das war, was er aufgebaut hatte.«

Das 100-jährige Tel Aviv ist ein pulsierendes Wirtschaftszentrum am östlichen Mittelmeerrand, geprägt von Wolkenkratzern und teuren Automarken. 400 000 Menschen wohnen in Tel Aviv, mehr als einer Million Menschen bietet die Stadt einen Arbeitsplatz. Hunderttausende pendeln täglich zwischen dem Stadtzentrum und den umliegenden »Schlafzimmerstädten«. Die Webseite der Tel Aviv-Foundation spart nicht mit Superlativen, um »die wirtschaftliche, kulturelle und akademische Hauptstadt Israels« zu beschreiben. Zu seinem Jahrhundertjubiläum hat die Stadt sich als »Gesicht des modernen Israels« herausgeputzt.

Zu einem reichen Kulturprogramm gehört auch ein Filmfestival mit historischen Filmen – wie etwa der berühmte »Blaumilchkanal« nach einem Buch von Ephraim Kischon. Aber es gibt auch wissenschaftliche Symposien, Wirtschafts- und Buchmessen, sowie eine internationale Konferenz über Städteentwicklung. Studenten aus China, Polen, Rumänien, Frankreich, Großbritannien, den USA und Kanada wurde die Aufgabe gestellt, sich das Tel Aviv des Jahres 2059 vorzustellen. Die Ergebnisse dieses Wettbewerbs sollten dabei helfen, eine »futuristische und frische Vision für die Stadt« zu entwickeln und sollten auf dem Platz des Tel Aviver Zentrums für darstellende Künste ausgestellt werden. Und der Geburtstag der ersten modernen hebräischen Stadt wurde nicht nur in Israel gefeiert, sondern auch in Paris, New York, Wien, Kopenhagen und San Diego.

Für die sportlich Orientierten gibt es auch einen »Tel Aviv-Marathon«. Doch selbst beim Sport kann sich das ach so säkulare Tel Aviv nicht von der Bibel trennen. Aviv Stein, der Direktor des Israel-Marathons, erinnert daran, dass es schon ein halbes Jahrtausend vor der Schlacht bei Marathon einen 42-Kilometer-Lauf gegeben hat, bei dem eine Botschaft überbracht wurde. »Ein Mann aus dem Stamm Benjamin lief vom Schlachtfeld fort und gelangte noch am selben Tag nach Silo.« Im ersten Buch Samuel in Kapitel vier, Vers zwölf wird berichtet, wie das Ergebnis der Schlacht von Afek dem Hohenpriester Eli bekannt gemacht wurde. Im Unterschied zu Marathon überbrachte der israelitische Botschafter allerdings – »typisch jüdisch«? – nicht etwa die Botschaft eines Sieges, sondern einer verheerenden Niederlage.

Heute sind Cafés, Bars und Kneipen täglich 24 Stunden geöffnet. Tel Aviv feiert rund um die Uhr. Gourmetrestaurants bieten das Beste aus aller Welt. »Damals ist man um neun Uhr abends schlafen gegangen«, trauert Zvi Blumenfrucht dem alten, chauvinistisch-hebräischen Tel Aviv nach, »oder man ging in einen Vortrag, in dem es darum ging, wie wir den *Jischuw* – die zionistische Ansiedlung – aufbauen, und wie es hier in zehn oder fünfzehn Jahren aussehen soll.«

Doch nun ist Tel Aviv eine Stadt wie jede andere. »Wenn ich durch München gehe, dann erinnert mich das an Tel Aviv«, meint Zvi Blumenfrucht, der in den vergangenen Jahren immer wieder Deutschland bereist hat, um der Jugend von heute aus seiner eigenen Jugend zu berichten: »Was können die Deutschen hier sehen?«, fragt der alte, müde Mann – und gibt kurz darauf selbst die Antwort. Er verfällt dabei ganz unwillkürlich vom Hebräischen ins Jiddische: »Sie können sehen, was das ›Gesindel‹ – so nennt ihr uns doch in Deutschland, oder? – also, was wir erreicht haben! Ah, werden die Deutschen sagen, sie haben doch was geschaffen!«

Das Lied der Sechzig

Israel hat durch Hörfunk, Fernsehen, Internet und Fachkomitees das beliebteste Lied aller Zeiten des Staates Israel gewählt. Der Name *Schir HaSchischim* – »Das Lied der Sechzig (Jahre)« – mag als Anklang an *Schir HaSchirim* – »Das Hohe Lied« Salomos – verstanden werden. 360 Lieder wurden in einer Reihe von Fernseh- und Radiosendungen vorgestellt und haben manchen Zuhörer und Zuschauer in Staunen versetzt. Israels Folklore hat einen großen Reichtum zu bieten. Diese Sendungen zu verfolgen glich einer Reise in die Tiefen der israelischen Seele.

Israelis singen gerne. Sie singen gerne gemeinsam und bringen durch ihre Lieder Freude und Trauer, Liebe, aber auch Enttäuschung und Protest zum Ausdruck. Sobald ein Lied von der Öffentlichkeit akzeptiert wurde, singt es bald Groß und Klein. So werden beispielsweise auf einer Schulfeier, auf der die Kinder ein Buch der Tora bekommen, die Schöpfungstage im Lied vorgestellt. Zum Thema der Erschaffung des Menschen singen die Siebenjährigen das Lied: »Jeder hat die Eine und jede hat den Einen, mit dem sie den Kreis schließen wird (…) Ohne dich bin ich nur ein halber Mensch. Ohne dich bin ich eigentlich gar nichts…«

Ins Finale zur Auswahl des »Liedes der Sechzig« gelangten zwölf Lieder, darunter keine einzige Rockmelodie. Die Israelis lieben offensichtlich das Melancholische, seien es nun Liebeslieder, Friedenslieder oder patriotische Gesänge. Von dem Lied »Wer liebt dich mehr als ich« mögen einige gedacht haben, es sei auf eine geliebte Person bezogen und nicht auf das Land Israel. Kurz nach dem Zermürbungskrieg, in dem sein Bruder gefallen war, schrieb Ehud Manor, einer der bekanntesten israelischen Dichter: »Ich habe kein anderes Land (…) auch wenn mir der Boden unter den Füßen brennt, nur ein Wort auf hebräisch dringt tief in meine Seele hinein…« Dieses Lied wird gerne am Unabhängigkeitstag gesungen.

Das *Schir HaSchalom* – das »Lied des Friedens« – wurde von Jankele Rotblit geschrieben, der im Sechstagekrieg ein Bein verloren hat. Untrennbar ist es heute mit der Ermordung des israelischen Premierministers Jitzchak Rabin verbunden. Es war das letzte Lied, das er auf der Friedensdemonstration in Tel Aviv gesungen hatte. Das Liedblatt wurde später blutverschmiert in seiner Brusttasche gefunden. Als »Hymne der Friedensbewegung« wurde es in mindestens acht Sprachen übersetzt. Unter anderem heißt es darin: »... auch das stärkste aller Gebete wird uns nicht zurückbringen (...) da helfen weder Siegestaumel noch Lobeslieder (...) Darum singt das Lied des Friedens, flüstert nicht Gebete ...«

Jitzchak Rabin soll aber eigentlich vielmehr das Lied *Re'ut* – »Freundschaft« – geliebt haben, das eine Freundschaft besingt, die unvergesslich ist. Dieses Lied ist kurz nach dem Unabhängigkeitskrieg entstanden und bringt die Erlebnisse der Palmach-Kampfeinheiten und die Trauer über gefallene Freunde zum Ausdruck. Der Refrain wiederholt: »Liebe durch Blut geheiligt, du wirst zurückkehren und unter uns blühen.« Erst im Jahr 1972 wurde dieses Lied durch die Militärmusikgruppe *Nachal* bekannt und errang in der Endrunde zum *Schir HaSchischim* den dritten Preis.

Den zweiten Platz erreichte ein gefühlvolles, fast herzzerreißendes Protestlied aus der Zeit nach dem *Jom Kippur*-Krieg: »Wir sind die Kinder vom Winter 73.« Dieses Lied besingt die Enttäuschung, dass es trotz Hoffnung, Liebe und starkem Willen der Eltern, sie zu beschützen, nicht gelungen ist, Frieden zu erlangen. Im Refrain werfen die »Kinder vom Winter 73« ihren Eltern vor: »Ihr habt eine Friedenstaube, einen Ölzweig versprochen! Ihr habt uns die Erfüllung der Verheißung versprochen! Doch jetzt stehen wir wieder da mit Waffen in den Händen und dem Helm auf dem Kopf ...«

Zu den beliebten und bekannten israelischen Liedern gehören nicht wenige geistliche Lieder, wie zum Beispiel eine Pop-Ausführung des Gebetes *Adon Olam* – »Herr der Welt« –, von dem es auch eine Rockversion gibt. Doch *Adon Olam* erreichte das Finale nicht. Dafür aber eine lebhafte orientalische Melodie mit dem Text aus

Psalm 147,12f: »Lobe den Herrn, Jerusalem! Lobe deinen Gott, Zion! Denn er hat die Riegel deiner Tore fest gemacht und die Kinder in deiner Mitte gesegnet.« Das zweite Jerusalem-Lied, das sich um den Titel *Schir HaSchischim* beworben hatte, war das weltberühmte *Yeruschalajim Schel Sahav* – »Jerusalem aus Gold« –, das die Liedermacherin Naomi Schemer 1967 gedichtet hat. Dieses Lied wurde schließlich zum »Lied der Sechzig« gewählt.

Selbstverständlich fehlte es bei dem Wettbewerb auch nicht an romantischen Liebesliedern. Zwei von ihnen gelangten sogar in die Endauswahl: »Liebe meiner Kindheit« und »Der Schmuck deiner Stirn«, die durch die dreistimmige Interpretation von Koren Elal, Jehudit Ravitz und Arik Einstein berühmt geworden waren. Arik Einstein wurde übrigens zum »Sänger der Sechzig« gekürt. Auch ein Lied, das die Natur und die Vergänglichkeit der Generationen mit dem Bild der *Kalaniot*, der »Anemonen«, besingt, kam in die Endauswahl. Durch die Altstimme der energischen Sängerin Schoschana Damari war es einst berühmt geworden.

Die beliebteste Musikgruppe aller Zeiten des Staates Israel wurde die Band *Kaweret*. Auch das Heimwehlied »Ob du mich hörst, mein Entfernter …« wollte »Lied der Sechzig« werden. Es wurde zum Symbol der Katastrophe des US-Raumschiffs Columbia, bei welcher der erste israelische Astronaut Ilan Ramon ums Leben kam. Kaum weniger Erfolg hatte ein verspieltes Lied: »Du und ich, wir zwei werden die Welt verändern! Dass andere das schon vor uns gesagt haben, macht nichts. Sollte es uns dabei schlecht ergehen, macht auch nichts! Gemeinsam werden wir die Welt verändern (…) die anderen werden sich uns dann schon anschließen …«

Das israelische Volk entschied sich für das Lied *Jeruschalajim Schel Sahav* – »Jerusalem aus Gold«. Mit nur einem Punkt Rückstand erreichte ein gefühlvolles Friedenslied den zweiten Platz. An dritter Stelle bei der Auswahl zum *Schir HaSchischim*, dem »Lied der Sechzig«, stand ein Lied über Krieg und Liebe der Freunde im Kampf. Das ist ein Spiegelbild der israelischen Gesellschaft zum 60. Jubiläum des Staates in Liedern ausgedrückt.

Biblische Lieder werden lebendig

»Wir sind hier«, singt Shelly Myers. »Aber schauen dorthin«, antwortet das Publikum: »Wir sind hier, aber schreiten dorthin.« So lautet der Refrain eines Liedes von Shelly Myers: »Es gibt einen Ort jenseits des Himmels.« »Dort wohnt Er und dort ist unsere Heimat. Dort werden wir unseren Urvätern begegnen. Dort werden die Bücher geöffnet und unsere Namen verlesen …« Beim Klang von Gitarre, Keyboard, Geige, Saxofon, Querflöte und natürlich Schlagzeug werden die Zuhörer Teil einer großen Menge. Mit Stephen Mihaesco singen sie: »Lob und Ehre und Herrlichkeit und Macht stehen dem zu, der auf dem Thron sitzt, und dem Lamm für immer und ewig.« Mit Shimon Myers haben sie das weiße Pferd und den Wahrhaftigen und Treuen, der darauf sitzt, vor Augen.

Kurz vor Weihnachten 2008 fand in Jerusalem zum dritten Mal das jährliche Konzert für neue messianische Lieder statt. Konzerte, Konferenzen und Gottesdienste, waren die Vision des kanadischen Pfingstpastors Wayne Hilsden, als er in einem schäbigen Einkaufszentrum auf der Jaffastraße gegenüber des jüdischen Marktes *Machane Jehuda* einen alten Kinosaal kaufte und renovierte. Es ist zwar etwas ungewöhnlich, im Gottesdienst in gepolsterten Kinostühlen zu sitzen. Doch das neue Zentrum am Davidka-Platz hat viele neue Möglichkeiten eröffnet. Im »Pavilion«, so der offizielle Name des Gemeindezentrums, gibt es 600 Plätze. Trotzdem musste das Konzert wiederholt werden.

Solche Konzerte sind ein Zeugnis davon, dass in Israel eine neue Generation von Jesusgläubigen herangewachsen ist, Juden und Christen, die durch ihre Liebe zum Herrn und zu seinem Wort, durch die Liebe zur Musik und zum Land Israel verbunden sind. Während ein Teil ihrer Eltern noch Hebräisch stottert, haben die Kinder bereits das Abitur auf Hebräisch abgelegt, schreiben hebräische Lieder und dienen in der israelischen Armee. So musste der Vater des 20-jährigen David auf das M-16-Schnellfeuergewehr aufpassen, während sein Sohn auf der Bühne sang.

Die Liedtexte wurden in Hebräisch auf die Leinwand im Pavilion projiziert, die Namen der Autoren zu meiner Freude auch in englischer Sprache. Da man Hebräisch ohne Vokale schreibt, hätte ich viele der Namen nur erraten können. Die meisten Lieder sind Bibelzitate oder einfach gesungene Psalmen, wie etwa der Psalm 113 mit einer Melodie von Danny Povolotsky. Beim näheren Hinsehen musste ich feststellen, dass der Refrain (Verse 5-6) gar nicht so leicht zu übersetzen ist – nicht einmal für Rabbiner. Da ist es natürlich ein Vorteil, wenn man in der Originalsprache singen kann. Dann passieren keine Fehler. Zum Abschluss des Konzerts erklangen zwei Versionen des Aaronitischen Segens.

Die Chorsänger waren in diesem Jahr ausnahmslos junge Leute, bis auf den messianischen Pastor und Leiter der israelischen Pro-Life-Organisation Tony Sperandeo. Beim Konzert im Jahr zuvor hatte er die Zuschauer mit einer Vertonung der Worte des Apostels Paulus begeistert: »Denn ich schäme mich nicht für die gute Botschaft von Christus. Diese Botschaft ist die Kraft Gottes, die jeden rettet, der glaubt – die Juden zuerst, aber auch alle anderen Menschen.« Das Konzert wurde mit einem Gebet zum Gott Abrahams, Isaaks und Jakobs im Namen Jesu Christi geschlossen, »dem der Dank für die vielen Begabungen gehört«.

Die messianisch-jüdische Allianz in Israel, die auch Musikkonferenzen organisiert, gibt alle zwei Jahre ein neues Gesangbuch und eine CD heraus. 2008 waren es 120 neue Lieder, von denen 20 bei dem Konzert im Pavilion aufgeführt wurden. Die Teilnehmer des musikalischen Abends gingen nach Hause mit Dankbarkeit im Herzen und einem Gefühl der Vorfreude – auf das Konzert im übernächsten Jahr und auch auf den Platz »jenseits des Himmels«, für den sie sich gerade im Lob geübt hatten.

Singt, erzählt, lest vor und unterhaltet euch mit euren Kindern!

Zwei haben es besser als einer allein: Zusammen erhalten sie mehr Lohn für ihre Mühe (Prediger 4,9).

»Zwei Kisten spielen im Leben unserer Kinder eine entscheidende Rolle!«, erklärt die Kindergärtnerin Ahuwa: »Der Fernsehapparat und der Computer«. Israel ist ein technisch hoch entwickeltes Land. Israelische Kinder lernen den Computer schon früh kennen. In säkularen Familien gehören Fernsehapparat und PC zur Ausstattung eines Kinderzimmers, sofern man sich das leisten kann. Ausnahme sind ultraorthodoxe Familien, die weder fernsehen noch Radio hören und in ihren Wohnvierteln selbst die Zeitung durch Poster an den Wänden als Informationsquelle ersetzt haben. Traditionell jüdische Familien, die etwas auf religiöse Werte halten, kontrollieren den Fernsehkonsum ihrer Sprösslinge.

In Ahuwas Kindergarten gibt es zwar einen Fernsehapparat, aber die Kindergärtnerin hat darüber ihre eigene Meinung: »Langes Sitzen vor dem Bildschirm führt bei Kindern zu Hyperaktivität«, erklärt sie mit Nachdruck. Als langjährige Erzieherin hat sie viele Fortbildungsseminare und einschlägige Kurse besucht. Fachleute seien sich über die schädliche Wirkung des unkontrollierten Fernsehkonsums einig. Dabei geht es nicht nur um den Inhalt. Kinder, die stundenlang bewegungslos auf einen Bildschirm starren, verlieren die Fähigkeit ruhig zu sitzen und sich zu konzentrieren wenn ihnen etwas erzählt wird, etwa im Schulunterricht. »Ich schalte das Fernsehgerät im Kindergarten nur an, wenn eine Sendung zu dem Thema kommt, an dem wir gerade arbeiten und sie vom Erziehungsministerium empfohlen wurde.«

Ahuwa legt Eltern ans Herz, ihren Kindern vorzulesen, Geschichten zu erzählen und sich mit ihnen darüber zu unterhalten.

»Stellt ihnen Fragen«, ermutigt sie: »Warum hat der so gehandelt? Hätte er sich nicht auch anders entscheiden können? Was würdest du an seiner Stelle tun?« Sie bastelt mit ihren Kindergartenkindern Figuren aus Papier und spielt damit Theaterstücke. Eines der Themen der vorangegangenen Tage war: »Was du nicht willst, dass man dir tu, das füg' auch keinem andern zu.« Oder ein Wort aus dem biblischen Predigerbuch: »Zwei haben es besser als einer allein.« Als ihre eigenen vier Kinder noch klein waren, hat Ahuwa viel mit ihnen gesungen, und: »Beim Gemüse schneiden habe ich Geschichten erzählt.«

»Jetzt ist die Zeit, in eure Kinder zu investieren«, schärft sie den müden Eltern ein, die so gerne etwas Ruhe hätten und deshalb ihre Sprösslinge vor der Flimmerkiste absetzen. »In ein paar Jahren zahlt sich das aus«, spornt sie die Eltern an und erzählt von Soldaten, die einmal bei ihr im Kindergarten waren und heute kommen, um sich für die Werte zu bedanken, die sie ihnen für das Leben mitgegeben hat.

Kindergärten feiern 60 Jahre Israel

»Hier kommt der Kindergarten ›Feigenbaum‹!« – »Applaus für die Kinder vom Kindergarten ›Dattelpalme‹!« – »Applaus für den ›Weizen‹!« – Schon folgen die Winzlinge vom Kindergarten ›Weinstock‹. Alle sind schön blau-weiß angezogen, mit blauen Hosen und Röckchen, weißen T-Shirts und weißen Schildmützen, die irgendwie dauernd rutschen und beim Tanz stören. Sie treten ein in die geräumige Sporthalle. Die Eltern warten schon lange ungeduldig auf der Tribüne. Sie winken und versuchen, sich ihren Sprösslingen auf verschiedene Art und Weise bemerkbar zu machen. Viele drängen sich zwischen den engen Sitzreihen nach vorne, um aus der Nähe fotografieren zu können.

»Wir bitten die Eltern, die Turnhalle zu verlassen!«, erklingt die höfliche Stimme der Moderatorin, die allen ein fröhliches Fest wünscht. Dreimal wiederholt sie ihre Aufforderung. Dann heißt es: »Eltern, ihr stört!« Und noch einmal: »Eltern, ihr stört!« – Dieses undisziplinierte und lockere Verhalten ist ganz sicher Teil der *Israeliut* – der israelischen Mentalität –, über die in der letzten Zeit so oft geredet wird. In einem Leitartikel will die Tageszeitung *HaAretz* die *Israeliut* bis auf die Zeit vor der Staatsgründung zurückverfolgen können.

Endlich kehrt in der mit vielen blauen und weißen Luftballons geschmückten Turnhalle relative Ruhe ein. An der Wand steht mit großen Buchstaben für alle Sportler unübersehbar: »Wenn du gewonnen hast, hat dein Staat gewonnen!« Dann wird ein Gedicht vorgetragen, in dem sich das Land Israel selbst dessen rühmt, was es alles in ihm gibt: »Nur eines fehlt mir noch – der Friede.« Danach tanzen die Kinder, jeder Kindergarten in einem Kreis. Gemeinsam winken säkulare und orthodoxe Kinder mit blau-weißen Fähnchen. Beim dritten Lied mischen sich einige Eltern unter die Kinder. Trotzdem gelingt es denen, einen Davidstern zu bilden, zumal die Kinderwagen mit den Babys am Rand stehen.

Zum Schluss werden alle Eltern aufgefordert aufzustehen. Doch statt der Nationalhymne, die bei solchen Gelegenheiten normalerweise gesungen wird, stimmen alle in das Gebet ein »Unser Vater im Himmel…« Es ist eine Bitte um Frieden, die auch die Verheißung von Jesaja 2,4 beinhaltet: »Keine Nation wird mehr gegen eine andere ziehen und sie werden nicht mehr lernen Krieg zu führen.« Natürlich herrscht auch während dieses Gebets keine pastorale Ruhe. Danach werden mit Helium gefüllte Luftballons mit einem Gebet für die drei entführten israelischen Soldaten Ehud Goldwasser, Eldad Regev und Gilad Schalit gen Himmel geschickt. Zum Schluss ertönt dann aber doch noch die israelische Nationalhymne *HaTikwa*.

Kibbuzim, gestern und heute

Der Staat Israel feierte 2008 den 60. Jahrestag seiner Gründung, und der *Kibbuz* Deganja am Südufer des Sees Genezareth bereitete sich auf seinen hundertsten Geburtstag vor. Er wurde von einer Gruppe jüdischer Pioniere 1909 gegründet. Im Jahre 1918, dem Gründungsjahr der unabhängigen Tschechoslowakischen Republik, gab es auf dem künftigen Mandatsgebiet Palästina schon 29 Gemeinschaften, deren Mitglieder alles Eigentum teilten. Die aus der Tschechoslowakei stammenden Juden bezeichnen sich selbst mit einem Lächeln als »Tschechoslowaken« – also weder als »Tschechen« noch als »Slowaken«. Sie spielten bei der Besiedlung Palästinas eine wichtige Rolle, sei es als Mitarbeiter des Jüdischen Nationalfonds, der die Ländereien erwarb, oder des *Keren HaJesod*, der die Besiedlung finanzierte, oder eben als Pioniere.

Unter den tschechoslowakischen Pionieren gab es zwei wichtige Gruppen: *Bibracha*, die an der Trockenlegung der Sümpfe in Haifa arbeitete und den Boden für den künftigen Hafen vorbereitete. Und *Chefziba*, die sich im Jahre 1922 in Beth Alpha am Fuße der Gilboa-Berge niedergelassen hatte. 1927 besuchte der tschechoslowakische Präsident Tomáš Garrigue Masaryk die Kolonie Beth Alpha. Er interessierte sich besonders für die praktische Umsetzung des Kommunismus, für Erfolge in der Viehzucht und freute sich über das gute Aussehen der Kinder im Kinderhaus.

Unter anderem sagte Masaryk: »Hier in Palästina stehen wir überall auf historischem Boden oder auf Boden, auf dem Geschichte gemacht werden wird.«[4] Wenige Jahre später entdeckten die Siedler von Beth Alpha unweit der Essbaracke Reste einer Synagoge aus byzantinischer Zeit. Ausgrabungen der Hebräischen Universität förderten einen herrlichen Mosaikfußboden zutage. Die Hebräische Universität sandte als Erinnerung an den Präsidentenbesuch von 1927 Bilder von den Ausgrabungen nach Prag.

Vor dem zweiten Weltkrieg hatten die *Kibbuzim* eher familiären Charakter. Mit der dritten Einwanderungswelle nach dem Krieg wuchsen sie dann sehr. Damals entstand die Idee, Landwirtschaft und Industrie zu kombinieren. Zur Zeit der Staatsgründung waren mehr als die Hälfte aller jüdischen Dörfer in Israel *Kibbuzim*, insgesamt waren es 149. In den 1950er-Jahren wurde innerhalb der Kibbuzbewegung die marxistische Philosophie hart diskutiert. Die zunehmende Feindschaft der Sowjetunion gegenüber Israel und vor allem ihre Unterstützung Ägyptens und Syriens im Sechstagekrieg lösten dieses Problem von selbst.

Das historische Kinderhaus im religiösen Kibbuz Lavi in Galiläa

Im *Kibbuz* lebten Menschen nach dem Prinzip »jeder nach seinen Fähigkeiten, jedem nach seinen Bedürfnissen«. Die Kibbuzmitglieder, *Chaverim*, das heißt »Freunde« oder »Genossen«, genannt, arbeiteten alle im Rahmen des *Kibbuzes*, lebten in Häuschen, die dem *Kibbuz* gehörten, aßen im gemeinsamen Speisesaal und ließen ihre Wäsche in einer gemeinsamen Wäscherei waschen.

Außerdem war der *Kibbuz* für die Gesundheitsversorgung, die Erziehung und Ausbildung der Kinder und kulturelle Programme zuständig. Das Ziel der Kibbuzbewegung war eine möglichst vielseitige Entwicklung der Fähigkeiten ihrer Mitglieder. Geleitet wurde der *Kibbuz* von einem demokratisch gewählten Ausschuss.

Die Frauen sollten von den Pflichten als Mutter und im Haushalt befreit und voll in den Arbeitsprozess integriert werden. Ihre Säuglinge besuchten sie zum Stillen. Ansonsten wohnten die Kinder aber in Kinderheimen und trafen ihre Eltern lediglich beim gemeinsamen Abendessen im Speisesaal oder an Feiertagen.

Manche *Kibbuzim* hoben bereits in den 1970er-Jahren die Pflicht, im Kinderhaus zu schlafen, auf. Aber im *Kibbuz* Gawrit, der Heimat von Rivka Vilan, der Direktorin des Tel Aviver Büros der Kibbuzbewegung, haben die Eltern erst im Golfkrieg von 1990 aus Angst ihre Sprösslinge zu sich genommen. Später wurde an die ursprünglich nur 42 Quadratmeter großen Häuschen ein Zimmer angebaut, sodass die Kinder zu ihren Eltern ziehen konnten.

2007 gewann der Film »Sonnenkinder« von Ran Tal auf dem Jerusalemer Filmfestival gleich drei Preise. Der Dokumentarfilm ist aus vielen Amateuraufnahmen und Interviews zusammengestellt. Heute erwachsene Kibbuzkinder erzählen darin zum Beispiel, dass sie ihre Eltern mit dem Vornamen riefen, weil »Mama« und »Papa« zu »bürgerlich« klang. Ebenso riefen die Eltern ihre Kinder mit ihrem Gruppennamen. Ran Tal, der selbst im *Kibbuz* Bet HaSchita in der Jesreel Ebene geboren und aufgewachsen ist, sagt: »Früher wurde ein *Kibbuz* für das Paradies gehalten. Heute wird er dämonisiert. Aber der *Kibbuz* war weder Himmel noch Hölle. Vieles wurde verdreht.«

Als die große Inflation herrschte, gerieten die *Kibbuzim* in eine tiefe Wirtschaftskrise. Die landwirtschaftliche Produktion konnte die Bedürfnisse der verschuldeten *Kibbuzim* nicht mehr decken. Durch die Modernisierung der Landwirtschaft, der Gemeinschaftsküche und der Wäscherei wurden weniger Arbeiter benötigt, sodass es zu Arbeitslosigkeit kam. Die *Chaverim* hatten zwar noch ein Dach über dem Kopf sowie Kleidung und Nahrung, ansonsten aber leere Taschen.

Bis Ende der 1990er-Jahre verließen deshalb mehr als 50 000 junge Leute die *Kibbuzim*, das heißt, ein Drittel aller Mitglieder der Kibbuzbewegung. Sie sahen keine Zukunft mehr. Die Folge war eine Überalterung der Kibbuzeinwohner. Selbst staatliche Subventionen konnten den Gemeinschaftssiedlungen nicht mehr aus der Krise helfen.

So blieb den *Kibbuzim* nichts anderes übrig, als von den ideologischen Höhen des Kommunismus auf den Boden der harten Realität herabzusteigen. »Alte Barrieren und Hürden verschwanden«, stellen alte Kibbuzmitglieder fest. Um ihre »verlorenen Söhne und Töchter« zurückzugewinnen, bieten sie heute kostenloses Baugelände an, auf dem Rückkehrer ein Privathaus bauen und außerhalb des *Kibbuzes* arbeiten können. Die Gehälter gehen nur noch zum kleineren Teil in die gemeinsame Kasse, um die Kosten für Krankenkasse, Renten und Kommunaldienste zu bestreiten. Der größere Teil bleibt bei den Familien. Heute kann sich jeder Israeli einen prosperierenden *Kibbuz* aussuchen und Mitglied werden ohne jegliche Verpflichtungen der Vergangenheit.

Die *Kibbuzim* bauen neue, moderne Wohnviertel, deren Einwohner zu »Nachbarn« werden. Sie haben Anteil an den oben erwähnten Diensten, sind aber nicht Miteigentümer der Landwirtschaft oder Industrie, wie die regulären Kibbuzmitglieder. Selbst Kibbuzkinder gehen heute in regionale Schulen. Lediglich Kinderkrippen und Kindergärten bleiben im Rahmen des *Kibbuzes*. Die Kinder werden um vier Uhr abgeholt und die Familien leben ein normales Familienleben, da die meisten israelischen Mütter auch zur Arbeit gehen. Ältere Kinder im *Kibbuz* haben die Pflicht, einige Stunden für das Gemeinwohl zu opfern, um beispielsweise im Kuhstall oder bei der Pflege der gemeinsamen Fahrzeuge zu helfen.

Einige *Kibbuzim* haben sich auf den Tourismus spezialisiert. Sie bieten Ferienhäuser und Hotels. Speisesäle und Schwimmbäder wurden auf hohem Standard modernisiert. Viele haben historisch und biblisch Interessantes zu bieten, sei das etwa der *Kibbuz* Ginnosar am See Genezareth mit seinem »Jesus-Boot«, oder der *Kibbuz* Zoba in den Bergen von Jerusalem mit der Höhle Johannes des Täufers und alten jüdischen Gräbern aus der Zeit des zweiten Tempels.

Das »Jesus-Boot« im Kibbuz Ginnosar am See Genezareth

Niemand kann bestreiten, dass die *Kibbuzim* eine entscheidende Rolle bei der Besiedlung des Landes und der Integration der Neueinwanderer gespielt haben. Viele wurden in entlegenen Grenzgebieten aufgebaut und trugen zur Verteidigung des Landes bei. In den Kriegen Israels sind viele Kibbuzmitglieder gefallen.

Heute gibt es in Israel noch 270 *Kibbuzim*, die – abgesehen von den dreizehn religiösen *Kibbuzim* – in der Kibbuzbewegung vereinigt sind. Die Kibbuzbewegung arbeitet mit den religiösen *Kibbuzim* zusammen und bietet ihnen verschiedene Dienstleistungen, vor allem im Gesundheitswesen und im kulturellen Bereich an. Ihre Vision ist die Schaffung einer fortschrittlichen, erfolgreichen Gemeinschaft über mehrere Generationen hinweg.

Der fünfzehnjährige Saxofonist und Gymnasiast Maajan, der aus dem *Kibbuz* Zora bei Bet Schemesch stammt und dort wohnt, fährt nach Jerusalem ins Konservatorium und nimmt den langen Weg immer wieder gerne auf sich, um in die Stille und Natur des *Kibbuzes* zurückzukehren. »Im *Kibbuz* herrscht Bewegungsfreiheit nicht nur für Menschen, sondern auch für Hunde«, erzählt er. Die fünfzehn Kinder aus Zora, mit denen er seit der ersten Klasse zur Schule geht, sind seine besten Freunde. Als sein Vater schwer krank wurde, erhielt er dort sehr gute Pflege. Die beiden erwachsenen Brüder von Maajan haben zwar den *Kibbuz* verlassen. Später sind sie aber mit ihren Familien wieder zurückgekehrt: »Um ihre Kinder hier großzuziehen.«

Auch Reiseleiter Danny Walter denkt gerne an die vier Jahre zurück, die er von 1958 bis 1962 im *Kibbuz* Ginnosar verbracht hat. »Dort habe ich gelernt und gearbeitet«, erinnert er sich. »Das waren die glücklichsten Jahre meines Lebens.«

Kein *Kibbuz* gleicht dem anderen. Insgesamt ist zu beobachten, dass sich die ursprünglich streng marxistisch-leninistische Lebensform wohl endgültig verabschiedet hat. Noch ist nicht abzusehen, wie eine Reform der Kibbuzbewegung in Israel abgeschlossen wird.

Der *Moschaw* – das jüdische Dorf

Was ist eigentlich ein Moschaw? – Das Wort Moschaw bedeutet soviel wie »Sitz«. Ein Moschaw kann ein Sitz im Auto sein, aber auch ein Mandat in der Knesset, dem israelischen Parlament, oder ein »Wohnsitz«, also ein Wohnort, ein Dorf.

»Ein Moschaw ist ein Dorf in seinen Anfängen«, meint Schaul, der 1951 als Sekretär der Jewish Agency im Moschaw Matta, der zwischen Jerusalem und Bet Schemesch liegt, gearbeitet hat. Die Neueinwanderer, die sich dort niedergelassen haben, waren vor allem ältere Menschen aus Marokko. Im Dorf gab es damals noch nichts außer den gerade gebauten Wohnhäuschen. Um den Mitgliedern des Moschaws eine Kranken- und Sozialversicherung ermöglichen zu können, bat die Jewish Agency um einen symbolischen Beitrag. »Aber nicht mal den konnten die Einwanderer aus Nordafrika zahlen«, erinnert sich Schaul.

Der Name »Matta« stammt, wie so viele andere Ortsbezeichnungen in Israel, aus der Bibel. Übersetzt bedeutet er »Plantage« oder »Pflanzung« und soll an die Verse 29 und 30 aus dem 34. Kapitel des Propheten Hesekiel erinnern: »Und ihr Land will ich zu einem reich gesegneten und berühmten Garten machen, sodass sie nie mehr verhungern werden und nicht mehr unter dem Hohn der Völker leiden müssen. So werden sie erkennen, dass ich, der Herr, ihr Gott, bei ihnen bin und dass sie, das Volk der Israeliten, mein Volk sind, spricht Gott, der Herr.« Wer heute den Bewohnern von Matta begegnet, kann die Erfüllung dieser Verheißung mit eigenen Augen sehen.

Oft waren es Gruppen aus dem gleichen Herkunftsland, die sich zusammen in einem Moschaw niederließen. Jüdische Einwanderer aus arabischen Ländern waren religiös und beherrschten die hebräische Sprache, die sie sich durch das regelmäßige Beten und Synagogenbesuche angeeignet hatten. Die kommunistische Ideologie, die in den meisten Kibbuzim herrschte, war ihnen allerdings fremd. Außerdem »waren Kibbuzim für junge Leute, für Pioniere«, sagt Schaul und erzählt, dass die jüdische religiöse Bewegung Poel HaMisrachi, ihm und seiner Schwester, zwei jüdischen Waisenkindern aus Syrien, geholfen hat, ins Land einzuwandern. Zuerst wurden sie natürlich in einem Kibbuz untergebracht. Als Misrachim werden die orientalischen Juden aus den islamischen Ländern wie Jemen, Marokko, Irak, Türkei oder Syrien bezeichnet.

Merav ist im Moschaw Uria im Hügelland unweit der Mittelmeerküste aufgewachsen. Ihre Eltern sind aus Persien eingewandert. »Denk nicht, dass es für meine Eltern leicht war, nach Israel einzuwandern«, erklärt die Israelin. »Meine Eltern waren an einen gewissen Wohlstand gewöhnt. Im Land mussten sie zuerst in ein Übergangslager. Nach der Entstehung des Staates gab es hier nichts. Nur um essen zu können, haben meine Eltern nach und nach ihr Silber und wertvolle Perserteppiche verkauft. Dann haben sie sich im Moschaw Uria niedergelassen und mein Vater hat angefangen im Kuhstall zu arbeiten. Meine Mutter hat im Kindergarten geholfen.«

David und Esther, die Eltern von Merav, kamen mit sechs Kindern nach Israel. Das Erste war geboren worden, als Esther selbst erst 16 Jahre alt war. Das war damals in Persien so üblich. Aus Angst, Muslime könnten sich die jüdischen Mädchen holen, haben Eltern ihre Töchter sehr früh verheiratet. »Meine Oma, die damals auch mit nach Israel kam«, erzählt Merav weiter, »hat schon mit neun Jahren geheiratet und ihr erstes Kind mit zwölf bekommen.« Im Moschaw ist dann Esthers siebtes Kind auf die Welt gekommen. Elf Jahre später wurde Merav geboren.

Die meisten ihrer großen Geschwister waren damals schon selbstständig. Merav war das Nesthäkchen der Familie und hat ihr Leben in der Natur sehr genossen: »In unserem Garten wuchsen Granatäpfel, Zitronen, Oliven, Feigen, verschiedene Kletterpflanzen und Kakteen. Ich rannte durch den Garten zu meiner

Schaukel, die an einer hohen Kiefer aufgehängt war, und meine Mama kam mit etwas Leckerem zum Essen hinterher. Mein Papa hat mich zu Ausflügen in die Hügellandschaft mitgenommen. An klaren Tagen konnten wir bis zum Meer sehen. Ich weiß noch, wie er bei so einer Wanderung auf einmal mit ruhiger Stimme sagte: ›Merav, pass gut auf!‹ und auf eine dicke Schlange zeigte, die um den Busch vor meinen Füßen gewickelt war. Mein Papa hat Tausende von Schlangen in unserem Hof beseitigt.«

In Sde Warburg ist ein *Moschawnik* stolz auf den Ertrag seines Feldes

Zu Meravs Kindheitserinnerungen gehören auch die Schabbate als alle Onkel väterlicherseits mit ihren Familien aus Jerusalem angereist kamen, um im Moschaw den Ruhetag zu verbringen. »Papa hat immer den Segen gesprochen. Er war Nachkomme Aarons, ein Priester. Ich weiß noch, wie er am Jom Kippur, dem großen Versöhnungstag, am Eingang der Synagoge seine Schuhe ausgezogen hat und barfuß gegangen ist, um die Torarolle aus dem Schrank zu holen. Ich werde auch nie den Jom Kippur vergessen«, erzählt sie weiter, »als der Krieg ausbrach und wir von der Synagoge nach Hause rannten um das Radio anzuschalten. Das hätten wir an so einem heiligen Tag normalerweise nie getan.«

Vor der Staatsgründung waren schon sechzig Moschawim entstanden. Die ersten, wie etwa Nahalal, der schon 1921 in der Jesreelebene gegründet wurde, wurden von ehemaligen Kibbuzniks aufgebaut. In einem zweisprachigen auf Deutsch und Hebräisch erschienenen Band mit dem Titel »Ort der Zuflucht und Verheißung« wird die Entstehungsgeschichte des Moschaws »Shawei Zion« – »die Rückkehrer Zions« – beschrieben. Die Lebensbedingungen unter der Herrschaft der NSDAP wurden für jüdische Menschen in Deutschland immer unerträglicher. Gleichzeitig hatte der Jüdische Nationalfond für ein neues Leben im britischen Mandat Palästina geworben. »Nach Galiläa« hieß die Broschüre, auf deren Umschlag jüdische Pioniere im Kampf gegen die Sümpfe abgebildet waren.

Auch in Württemberg wurde gegen die Juden gehetzt. Im oben erwähnten Buch wird Paul Richard Entemann aus Calw zitiert: »Wir wollen dafür sorgen, dass [die Juden] uns verlassen. Es bleibt in der Weltgeschichte gleichbedeutend, ob dieser ›Segen‹ Deutschland 1935 verlässt oder 1980.«[5]

So entschloss sich eine Gruppe von Menschen aus Rexingen im Schwarzwald miteinander auszuwandern. Die Rexinger Juden sandten Kundschafter, bevor sie sich endgültig für einen Streifen Land an der Mittelmeerküste nahe der deutsch-jüdischen Siedlung Naharia entschieden. Mit deutscher Gründlichkeit untersuchten sie die Bodenqualität um festzustellen, was sich anzubauen lohnte. Doch trotz guter Vorbereitungen ließ sich der Kulturschock nicht vermeiden: »Ringsumher Araber, fremde Menschen aus einer anderen Welt.« Vor den Moskitos und der Hitze gab es kein Entkommen.

Als »Jeckes« waren die deutschen Juden unter den Israelis bald wegen ihrer Pünktlichkeit und Genauigkeit bekannt. Nicht selten wirkten sie selbst inmitten des orientalischen Israel als »fremde

Menschen aus einer anderen Welt«. Von den Jeckes aus Naharia erzählt man sich, es sei ihnen leichter gefallen, sich jahrzehntelang zu schämen, weil sie nur Deutsch konnten, als Hebräisch zu lernen. So ist es kein Wunder, dass sich das christliche Liebeswerk Zedakah aus dem Schwarzwald, das Holocaustopfern Hilfe bietet, zuerst in Naharia und später in Shawei Zion niedergelassen hat – auf einer schwäbischen Insel am Ostrand des Mittelmeers.

Es war eine schwere Aufgabe im Jahr 1938 ein schwäbisches Dorf am Mittelmeer aufbauen zu wollen. Zuerst musste ein Wachturm errichtet werden, der gleichzeitig Wasserturm war. Die Siedlung musste von einer Schutzmauer umgeben sein. Obwohl die Böden für jüdische Neueinwanderer rechtmäßig gekauft worden waren, wurden die jüdischen Siedler immer wieder von Arabern angegriffen. Deshalb musste das alles innerhalb von einem Tag verteidigungsfähig aufgebaut werden. Die Leute wohnten in notdürftigen Baracken ohne Fußboden, die Familien, auch Ehepaare, waren anfangs getrennt. Weil kein Platz war, wohnten immer mehrere Frauen und Männer in einer Baracke. Die Kinder wurden an einem sicheren Ort betreut. Ein Teil der Frauen, die Kinder und vor allem ältere Familienmitglieder waren teilweise noch immer in Deutschland.

Wie groß war die Freude über die ersten Hühner und später über den ersten Traktor! Man wollte Viehzucht betreiben. Doch welche Kuh verträgt dieses Klima? Über Generationen hinweg entstand schließlich durch Kreuzung eine israelisch-friesische Kuhrasse, deren Milch sehr gut schmeckt und die sehr hohe Leistungen erbringt.

Shawei Zion ist stolz darauf, einer der ersten Moschaw Schitufi zu sein – eine genossenschaftliche Gemeinschaftssiedlung. Vieles wurde wie in einem Kibbuz geregelt, jedoch hatte jede Familie ihren eigenen Haushalt und auch ihr Privatvermögen.

Außer dem Moschaw Schitufi gab es andere Formen des gemeinsamen Lebens und Arbeitens in solchen Wehrsiedlungen. Mehrere Dörfer schlossen sich in der Moschawbewegung zusammen. Später entstanden noch andere Dachorganisationen der Moschawim. Heute hat jeder Moschaw eine Internetseite, auf der er sich vorstellt, seine Geschichte beschreibt, bis hin zu den aktuellen Arbeits- und Kulturangeboten.

Einer der jüngsten Moschawim, erst in den 1980er-Jahren entstanden, ist der Moschaw Schilat in der Nähe von Modiin. Modiin ist aus den apokryphen Makkabäerbüchern der Bibel bekannt. Motiviert durch eine UNO-Resolution, die im Dezember 1975 Zionismus mit Rassismus gleichsetzte, gründete eine Gruppe israelischer Offiziere den Ort Schilat, um das Land direkt an den Waffenstillstandslinien von 1967, der sogenannten »grünen Linie«, dichter zu besiedeln.

»Schilat« ist eine Abkürzung des Psalmverses (16,8): »Ich habe den Herrn allezeit vor Augen« (Luther 1984) – der Teil des täglichen jüdischen Gebetes geworden ist. Damals gab es eine Krise in der Landwirtschaft. Deshalb sollte der Moschaw Schilat ein Zusammenschluss verschiedener auch industrieller Familienbetriebe sein. Schließlich wurde Schilat Mitglied in der Bewegung Oved Zioni – »der zionistische Arbeiter«. Inmitten des Nichts wurden Straßen, Strom- und Wasseranschlüsse, sowie das erste öffentliche Telefon aufgebaut. Heute entwickelt sich die Region um Modiin zu einer der modernsten Metropolen Israels zwischen den Ballungszentren Tel Aviv und Jerusalem.

Immer wieder machen sich einzelne dieser jüdischen Dörfer einen besonderen Namen. So kommen aus den Gewächshäusern von Achituv, einem Moschaw im Emek Chefer bei Chadera, der von irakischen Juden gegründet wurde, 55 Prozent der besonders zarten israelischen Gurken. Aus Schachar, dem Moschaw in der Lachischregion, der von Juden aus Nordafrika und Indien gegründet worden war, kommen die wunderschönen Orchideen der Firma Solostil. Der erste ursprünglich jemenitische Moschaw Eljaschiv – »der Herr bringt zurück« – ist als »Hauptstadt der Pflegekinder« bekannt. Bereits seit vierzig Jahren werden dort von jeder vierten Familie Pflegekinder aufgenommen und liebevoll betreut. Der

Moschaw Ramot auf den Golanhöhen ist berühmt für seine Fremdenzimmer und für die gute Umsorgung seiner Gäste.

Doch auch die Moschawim sind nicht mehr das, was sie einmal waren. Man trifft sich nicht mehr beim Dorfbrunnen, um Wasser zu holen. Viele Hühnerställe wurden in Hobbyräume oder Solaranlagen umgebaut. Nur noch wenige Dörfer haben ihre Kühe behalten. Manche Moschawim haben sich in vornehme Villenviertel verwandelt. Es gibt heute Menschen, die innerhalb eines Moschaws wohnen, aber kaum eine Vorstellung davon haben, was eigentlich ein Moschaw ist.

Siedlungen in besetzten Gebieten

Die israelischen Siedlungen im Westjordanland und Gazastreifen (bis September 2005) gehören zu den heiß diskutierten Themen des Nahostkonflikts. Manche sehen in der jüdischen Besiedlung des biblischen Kernlandes Judäa und Samaria eine Erfüllung alter biblischer Prophetien. Die überwältigende Mehrheit der Weltöffentlichkeit – darunter auch die meisten Christen und selbst Israelfreunde – betrachten sie als illegal und im Blick auf eine israelisch-palästinensische Verständigung als das große Friedenshindernis schlechthin.

Im Juni 1967 eroberte die israelische Armee in einem Präventivschlag gegen Ägypten und Syrien die Golanhöhen und die Sinaihalbinsel. König Hussein von Jordanien fiel der arabischen Propaganda zum Opfer und stieg in den Krieg ein. Dabei verlor er das Westufer des Jordans. Anfang der 1980er-Jahre gab Israel im Rahmen des Friedensvertrages mit Ägypten den Großteil der besetzten Gebiete zurück. Aus dem Gazastreifen zog sich die israelische Armee im September 2005 im Rahmen der von Ariel Scharon erklärten einseitigen Trennung von den Palästinensern zurück. Der Golan und Ostjerusalem wurden 1980 von Israel offiziell annektiert, das heißt sie wurden zum israelischen Staatsgebiet. Diese Annexion wird bis heute von der Weltöffentlichkeit nicht anerkannt.

Judäa und Samaria, das Westjordanland, fielen 1967 an Israel in einem Verteidigungskrieg gegen einen Angriff, der die Vernichtung des jüdischen Staates zum erklärten Ziel hatte. Sucht man nach Parallelen in der Geschichte, ist festzustellen, dass Jordanien die Westbank genau auf dieselbe Weise verlor, wie Deutschland im Zweiten Weltkrieg seine Ostgebiete. Mit einem gravierenden Unterschied: Während Danzig oder Königsberg jahrhundertelang unumstritten deutsch gewesen waren, war die Annexion des

Westjordanlandes durch das Königreich Jordanien international höchst umstritten. Nur Pakistan und Großbritannien hatten sie anerkannt. Während Russland und Polen im Zweiten Weltkrieg eindeutig deutsches Gebiet besetzten und annektierten, besetzte Israel im Sechstagekrieg ein Gebiet, von dem niemand so recht wusste, wem es gehören sollte. Mir ist keine Stimme bekannt, die zwischen 1948 und 1967, als das Westjordanland eindeutig illegal von einem arabischen Land besetzt war, die Errichtung eines Palästinenserstaates gefordert hätte. Eine Zweistaatenlösung für das britische Mandatsgebiet Palästina, wie sie etwa die UNO-Resolution 181 vom 29. November 1947 vorgesehen hatte, hatte die arabische Staatengemeinschaft im Mai 1948 einstimmig mit Krieg beantwortet.

Die »Grüne Linie« – heute oft »Grenzen von 1967« genannt – sind auf ausdrücklichen Wunsch der arabischen Staaten keine Grenzen, sondern Waffenstillstandslinien. Auch aus israelischer Sicht ist das biblische Judäa und Samaria nicht befreit (wie Menachem Begin einst behauptete) oder annektiert, sondern besetzt. Einerseits fürchtete der jüdische Staat von Anfang an die demografische Belastung durch so viele zusätzliche nichtjüdische Bürger, denen man (auch nach biblischem Recht!) bei gleichen Pflichten gleiche Rechte hätte einräumen müssen. Andererseits hoffte Israel über die Formel »Land für Frieden« zu einer Einigung mit seinen arabischen Nachbarn zu kommen.

Seit dem Rückzug aus Gaza und seinen Folgen ist »Land für Frieden« als Utopie entlarvt. Die Angst der Juden, im eigenen Land zur Minderheit zu werden, ist geblieben – sie hat sich allerdings noch verstärkt. Auch die UNO-Resolution 242 vom 22. November 1967 fordert lediglich einen »Rückzug aus besetzten Gebieten« auf »sichere und anerkannte Grenzen«, lässt also eine Verhandlungslösung offen. Deshalb spreche ich im Blick auf das Westjordanland von »umstrittenen Gebieten«. Die Tatsache, dass Judäa und Samaria zweifellos das Kerngebiet des Landes sind, das Gott dem Volk Israel verheißen hat, schließt eine staatlich-rechtliche

Einigung zwischen Israelis und Palästinensern nicht aus – solange diese eine »Einstellung aller Ansprüche oder Kriegszustände« mit einschließt (wie das etwa auch die UNO-Resolution 242 fordert).

Die gemeinhin übliche Redensart von »der israelischen Siedlungspolitik« erweckt einen falschen Eindruck. Sie erinnert an »die Siedlungspolitik« der Regime unter Adolf Hitler und Josef Stalin. Diese Diktatoren wollten in der Mitte des 20. Jahrhunderts eine neue Weltordnung schaffen – jeweils entsprechend ihren ideologischen Maßgaben. Millionen von Menschen mussten für diesen Wahnsinn ihr Leben lassen. Gott sei Dank, sind derartige politische Experimente heute international geächtet. Die Vierte Genfer Konvention »über den Schutz von Zivilpersonen in Kriegszeiten« vom 12. August 1949, die unter dem Eindruck des Zweiten Weltkrieges verfasst wurde, verbietet in Artikel 49 »zwangsweise Einzel- und Massenumsiedlungen sowie Deportationen«.

Doch im absoluten Gegensatz zu den verrückten Träumen Hitlers oder Stalins, sind die israelischen Siedlungen in den umstrittenen Gebieten keine von einer Regierung verordnete politische Maßnahme, sondern eine Bewegung, die aus dem jüdischen Volk heraus erwachsen ist. Was in Europa gemeinhin als »israelische Siedlungspolitik« bezeichnet wird ist keine Maßgabe von oben, sondern Ausdruck einer Bewegung von unten. Mit unterschiedlichen Motiven haben sich nach 1967 jüdische Menschen in Judäa, Samaria und dem Gazastreifen niedergelassen, nachdem die arabische Welt wenige Monate nach dem Sechstagekrieg Israels Angebot, Land für Frieden geben zu wollen, kategorisch abgelehnt hatte. Es gibt keine Israelis, die von ihrer Regierung »transferiert« oder »deportiert« wurden, um demografische Fakten aus politischem Kalkül zu schaffen, wie das die Vierte Genfer Konvention verbietet. Oder doch? – Im Spätsommer 2005 hat sich die israelische Regierung aus politischen Überlegungen heraus 8 000 Menschen aus dem Gazastreifen und Nordsamaria deportiert, was ein klarer Verstoß gegen den Wortlaut der Vierten Genfer Konvention war. Dies geschah unter dem Beifall der Weltöffentlichkeit.

Maale Adumim, die größte Siedlung in der Wüste Juda

Schätzungsweise eine halbe Million Israelis wohnen heute jenseits der Grünen Linie in Gebieten, die vor 1967 zu Jordanien gehörten. Die Siedlungen sind so unterschiedlich wie die Menschen, die in ihnen leben. In Jerusalem, wo fast 200 000 Siedler leben, sind die Stadtteile, die auf umstrittenen Territorien gebaut sind, nur schwer zu unterscheiden von den jüdischen Wohnvierteln, die schon vor dem Sechstagekrieg zu Israel gehört haben. In Judäa und Samaria gibt es Städte, Dörfer, Industriegebiete und einzelne Höfe mit ganz unterschiedlichem Charakter.

Die Menschen, die dort wohnen, umfassen das gesamte Spektrum der israelischen Gesellschaft. In den Siedlungen wohnen nicht nur Juden, sondern auch Christen und Muslime. Nicht wenige Palästinenser sind überzeugte Siedlungsbefürworter und -bauer – weshalb die palästinensische Regierung den von Europa befürworteten Siedlungsboykott auch in den eigenen Reihen nicht durchzusetzen vermochte. Viele Palästinenser bestreiten ihren Lebensunterhalt bei ihren jüdischen Nachbarn. Unter den

Siedlern gibt es ultra-orthodoxe Juden, die den Staat Israel als Gotteslästerung ablehnen, national-religiöse Juden, die das biblische Gebot, das Land zu besiedeln, konkret umsetzen wollen, aber auch ganz säkulare Israelis, die einfach nur um ihr täglich Brot kämpfen.

Die ersten Siedler kehrten Ende der 1960er-Jahre – gegen den Willen ihrer Regierung! – nach Hebron zurück, weil sie dem Grab der Erzväter nahe sein wollten. Nach der biblischen Erzählung aus dem ersten Buch Mose hat Abraham in Hebron die Höhle Machpela gekauft, um dort seine verstorbene Frau Sarah zu begraben. Nach seinem Tod haben seine Söhne Isaak und Ismael ihn dort beerdigt. Später haben Jakobs Söhne den Leichnam von Jakob mit einem großen Zug von ägyptischen Wagen und Gespannen begleitet und an den gleichen Ort überführt, wo schon seine verstorbene Frau Lea und seine beiden Eltern Isaak und Rebekka beerdigt waren. In dieser Stadt hatte 3 000 Jahre lang eine jüdische Gemeinde existiert, die 1929 durch ein Pogrom ausgelöscht wurde. Erst 1936 gelang es der britischen Mandatsmacht die letzten Juden aus Hebron zu evakuieren. Der Gusch Etzion südwestlich von Bethlehem wurde nach dem Sechstagekrieg von den Kindern der Siedler wieder aufgebaut, die im Mai 1948, am Vorabend der Staatsgründung Israels, von dort vertrieben worden waren. Anfang der 1920er-Jahre hatten Juden das unwirtliche Land von deutschen Mönchen gekauft.

»Siedler« sind nicht nur »araberfeindliche Extremisten«, die sich die Vertreibung der »palästinensischen Ureinwohner« auf die Fahnen geschrieben haben. Da ist beispielsweise Menachem aus den südlichen Hebronbergen, dessen Eltern aus einem arabischen Land eingewandert sind. Er spricht selbst fließend Arabisch und besucht immer wieder die Heimat seiner Vorfahren. Dabei geht es um kulturellen Austausch, Wirtschaftsverbindungen und um Dinge, über die man nicht redet – etwa die Sicherung des Flughafens in der Hauptstadt des Heimatlandes seiner Eltern, zu dem der Staat Israel keine diplomatischen Beziehungen unterhält. Menachem hat auch enge Verbindungen zu seinen palästinensischen Nachbarn in der Gegend um Hebron, von denen manche behaupten, jüdische Wurzeln zu haben und gerne – etwa durch Konversion – ins jüdische Volk zurückkehren würden. Allerdings sind diese persönlichen Beziehungen dem israelischen Sicherheitsapparat suspekt – und in der vom Westen unterstützten Palästinensischen Autonomie steht die Todesstrafe auf Kollaboration mit Israel.

Im Laufe der Jahre begegneten mir Siedler, die einfach günstigere Lebenshaltungskosten suchen und dafür bereit sind, längere Wege auf sich zu nehmen und auf die Annehmlichkeiten der Großstadt zu verzichten. Manche von ihnen sind politisch eher »links« eingestellt und würden, wie Amir aus der Siedlerstadt Maale Adumim, sofort umziehen, wenn sie dafür eine entsprechende finanzielle Entschädigung erhalten würden. Ein naiver Friedensaktivist und Siedlungsgegner aus Israel war bass erstaunt, als man ihm erklärte, dass er selbst »Siedler« sei, wenn er im Jerusalemer Stadtteil French Hill lebe. Er war sich überhaupt nicht darüber im Klaren, dass seine eigene Wohnung auf einem Gebiet liegt, das vor 1967 jordanisch besetzt gewesen war.

Die israelischen Siedlungen in den umstrittenen Gebieten wurden aus unterschiedlichen Gründen gebaut und es ergibt ein interessantes Mosaik, sich die Mühe zu machen und einzelnen Gründungsgeschichten nachzugehen. Einige Siedler kamen, um alte Traditionen fortzuführen, etwa in Hebron. Andere wollten ein biblisches Gebot erfüllen und das Land mit eigenen Händen aufbauen. Die Stadt Maale Adumim im Osten von Jerusalem wurde Mitte der 1970er gebaut, nachdem israelischen Militärs infolge des Jom-Kippur-Krieges klar geworden war, dass es an der Ostflanke der Hauptstadt Israels keinerlei Verteidigung gibt. Auch die heute stark vernachlässigten Dörfer im Jordantal haben eine militärische Funktion. Viele israelische Ortschaften in Judäa und Samaria sind offen für jeden, der sich eine Wohnung kaufen oder mieten kann. Ein Nachbar interessiert sich kaum für den anderen. Andere Siedlungen wurden von religiös-ideologisch Gleichgesinnten gegründet, von einer Gemeinschaft von Eltern, die ihre Kinder ohne den Einfluss der säkularen Gesellschaft aufwachsen lassen wollen. An vielen Orten wächst mittlerweile bereits die dritte Generation heran in einem Umfeld, das eher einer großen Familie oder Kommune als einer Ortschaft gleicht.

König Herodes der Große hat die Umfassungsmauer um das Patriarchengrab in Hebron bauen lassen

Ein großes Problem in der Siedlungsfrage ist die nicht nur auf internationaler Ebene verworrene Rechtslage. In den umstrittenen Gebieten überlagern sich osmanisches Recht, britisches Mandatsrecht, jordanisches Recht und israelisches Militärrecht. Weil die Jordanier in den 1960er-Jahren angefangen haben, im Westjordanland ein Grundbuch einzuführen, dann aber vom Sechstagekrieg unterbrochen wurden, herrscht in Landfragen in der nördlichen Westbank eine andere Situation als in Judäa.

Und schließlich sehen sich Israelis und Palästinenser, Juden und Araber in sehr ungleichen Positionen. So wird die illegale

Bautätigkeit von Israelis ganz anders bewertet, als die von Palästinensern. Eigenmächtige Gewaltanwendung von Einzelpersonen wird sehr unterschiedlich geahndet. Die Überbewertung der Siedlungsfrage durch israelische Friedensaktivisten und die internationale Gemeinschaft hat in Judäa und Samaria einen Krieg ums Land entfacht, der von den Beteiligten auf ganz unterschiedlichen Ebenen und mit allen zur Verfügung stehenden Mitteln geführt wird. Die Lage wurde in den vergangenen Jahren auf beiden Seiten derart politisiert und ideologisiert, dass heute kaum noch eine Chance zu bestehen scheint, den Raum, auf dem sich Juden und Araber Tag für Tag begegnen, als Modell für eine Koexistenz zu sehen.

Habt ihr die Juden lieb?

Wieder einmal liege ich entspannt im Toten Meer und schaue zum Himmel. Auf einmal ziehen Hunderte von schwarz-weißen Vögeln mit lang gestreckten Hälsen über mir hinweg. Die Störche sind da! Ich genieße den Anblick so lang wie möglich, bis sie hinter den Bergen der judäischen Wüste verschwinden. Dieses Erlebnis möchte ich mit jemandem teilen und lenke die Blicke eines badenden Paares nach oben. Die beiden sind aus Russland eingewandert und erzählen mir von den vereisten Flüssen, langen Wintern und Vögeln, die jeder Kälte widerstehen. »Ja, ist es euch in Israel dann nicht zu heiß?«, frage ich neugierig. »Nein, nein, im Gegenteil! Erst nachdem wir hier eingewandert waren, ist uns klar geworden, dass wir für Israel geschaffen wurden. Das Wetter hier ist genau das Richtige für uns«, antworten sie fröhlich und rekeln sich genüsslich im lauen Wasser.

Im Jacuzzi dagegen kann ich mich nicht entspannen. Eine russische Jüdin hat sich einen Sonnenbrand geholt und eine andere Israelin ist darüber hell entsetzt: »Die ist ja rot wie ein gekochter Krebs!« Israelis sind ungeniert direkt und mir als Europäerin ist diese Situation eher unangenehm. Da merkt meine Nachbarin im wirbelnden Mineralwasser, dass ich beides verstehe, Hebräisch und Russisch, und möchte, dass ich ihre Bemerkung über die verbrannte Haut übersetze. Doch die krebsrote Urlauberin hat inzwischen den Spaß an der Wassermassage verloren und hat uns verlassen.

Da wendet sich die Frau an mich und wir kommen schnell ins Gespräch. Sie ist die Tochter von Holocaustüberlebenden aus Ungarn. Ich bin Christin und sie will wissen, warum wir als Christen in Israel leben. Ganz unvermittelt fragt sie auf ihre Art ganz direkt: »Und habt ihr Juden lieb?« Diesen Augenblick werde ich nie vergessen. Juden erwarten nämlich nicht, dass sie jemand liebt. Und von Christen erwarten sie in aller Regel überhaupt nichts Gutes. Sie sind daran gewöhnt ständig kritisiert, abgelehnt, verfolgt und ausgestoßen zu werden. So war das immer im Laufe der langen Geschichte. Dass ein Nichtjude sie lieb haben könnte, ist eine echte Überraschung. »Ja, wir haben Juden lieb!« Meine Antwort macht uns beide froh.

Wenn ich am Toten Meer die jüdischen Rentner mit ihren Gehhilfen beobachte, wie sie mit gutem Essen, Massagen und Mineralbädern verwöhnt werden, dann weiß ich: Gott segnet sie gerne. Er möchte seinem Volk viel Gutes tun. Schon der Prophet Jeremia (32,41) wusste: »Ich werde Freude daran haben, ihnen Gutes zu tun und werde sie voller Treue wieder in dieses Land einpflanzen – mit meinem ganzen Herzen und mit meiner ganzen Seele.«

Mea Schearim und seine Lagerfeuer

»Das Zentrum der Welt ist Israel. Das Zentrum Israels ist Jerusalem. Das Zentrum von Jerusalem ist Mea Schearim …« Der schwarz gekleidete Ultraorthodoxe sieht mich prüfend an, ob ich folge, und fährt fort: »… und das Zentrum von Mea Schearim, das sind die ›Stüblach‹. So denken diese Kinder hier. Das musst du wissen, wenn du die Leute hier verstehen willst.« Laut schreiend stürmt eine Schar von 13- und 14-jährigen Jungs an uns vorüber. Sie schleppen laut polternd ein paar Türrahmen hinter sich her. Die weiteren Erklärungen gehen im Lärm unter.

Alle im ultraorthodoxen Jerusalemer Viertel Mea Schearim sind schwarz gekleidet, genau wie die Juden im Osteuropa des 18. und 19. Jahrhunderts. Nissim, so heißt mein Gesprächspartner, ist nicht in dieser Welt aufgewachsen. Wie sein Freund Elasar ist er hierhergekommen, um im *Beit Midrasch* – im Lehrhaus – des Brezlaver Rebben zu studieren. Eigentlich wird hier nur Jiddisch gesprochen. Und *Stüblach* nennt man in dieser altdeutschen Sprache die unzählbaren Minisynagogen, in denen sich die Frommen Tag und Nacht in ihre Studien vertiefen. *Mea Schearim* heißt eigentlich »Hundert Tore« – aber die sind zur Außenwelt geschlossen. Mea Schearim ist eine Welt für sich – zu der Papst Benedikt keinerlei Zutritt hat, auch wenn er bei seinem Besuch der Heiligen Stadt nur wenige hundert Meter entfernt ist.

Nissim und Elasar sind die Ersten, die mir auf die Frage: »Was denken Sie zum Papstbesuch?« zu antworten bereit sind. Kurz zuvor stand ich vor einer der Plakatwände, die den Einwohnern von Mea Schearim als Zeitung dienen. Radio und Fernsehen sind verpönt – als potenzielle Einfallstore säkularer Dekadenz. Ein alter Rabbiner mit langem, weißem Bart verinnerlicht die Anweisung, die Busgesellschaft Egged zu meiden, falls diese nicht bereit ist, nach Geschlechtern getrennte Buslinien anzubieten. Auch die mittelalterlich anmutende Gesellschaft von Mea Schearim weiß Meinung zu machen und wirtschaftlich Druck auszuüben. Auf meine Frage nach dem Papstbesuch macht er eine wegwerfende Handbewegung und lässt mich dann mit hoher Fistelstimme wissen: »Was? – Was gibt's?? – Wer ist das??? – Niemand! Nichts!!« Dabei sieht er mich noch nicht einmal an.

Einer seiner Glaubensgenossen hatte mich kurz zuvor verständnislos angeglotzt: »Papst? Was ist das?!?« Nachdem ich ihm erklärt hatte, dass Herr Ratzinger ein doch recht bedeutender Vertreter der Christenheit sei, meinte er nur trocken: »Ich habe keine Zeit, mir darüber Gedanken zu machen.« Sein Begleiter mischt sich ein. Der 20-jährige Israel spricht zwar nur Jiddisch und Englisch, kommt aber »wie alle rechten Juden aus Brooklyn« und hat deshalb einen weiten Horizont. »Very good!«, kommentiert er den Besuch des »heiligen Vaters«. »Der hat sich entschieden, zu bereuen, was der Christus im Holocaust getan hat. Dagegen protestiert er. Deswegen kommt er doch, oder?!«

Avraham Stern ist 1951 aus Rumänien nach Israel eingewandert. Er hat ebenfalls keine Zeit, sich über den Papstbesuch Gedanken zu machen. Gelangweilt starrt er in das Gewühl von Autos und Menschen. Etwas ratlos stehe ich daneben und überlege, wie ich ihm wohl noch einen Kommentar entlocken könnte. Es ist schwer, den Leuten eine Meinung aus der Nase zu ziehen, wenn sie keine haben. Da sieht mich der 70-Jährige unvermittelt direkt an: »Ja, bringt der dann wenigstens Geld mit? *Baruch HaBa'* – soll er halt kommen. Ich habe nichts dagegen. Mich stört er nicht.«

Um die Ecke sitzt Mustafa unter einem einsturzgefährdeten Wellblechdach und verkauft seit 40 Jahren Obst und Gemüse. Mustafa ist erst 45 Jahre alt und stammt aus der nahegelegenen arabischen Altstadt von Jerusalem. Auf meine Frage nach dem Papst tut er geschäftig: »Ich kenn einen, der weiß alles!« »Ich will aber wissen, was du denkst«, hake ich nach. »Ich habe keine Ahnung«, erklärt der Araber, nippt an einem heißen Tee im Plastikbecher, der gefährliche Beulen aufweist, und schreit:

»Uuuusi!« – »Nein«, wende ich energisch ein, »mich interessiert Deine Meinung!« – »Sieben Schekel siebzig«, antwortet er einer ultraorthodoxen Frau, die ihm einen Plastikbeutel voller Gemüse hinhält.

»Wer ist das, der Papst?!«, murmelt er dann wieder in meine Richtung. »Der kommt ... und der geht auch wieder ...« Ich lasse nicht locker. »Der kommt nur wegen der Politik ...« Mustafa druckst herum. »*Ja'ani, Ke'ilu* ...« mischt er arabische und hebräische Verlegenheitsfüllwörter. »Ich habe keine Ahnung – aber stell dir vor, was das alles kostet: 80 000 Polizisten sollen auf ihn aufpassen! Wenn das keine Geldverschwendung ist, was dann?! – Fünf Schekel vierzig«, lässt Mustafa eine zweite Ultraorthodoxe wissen. Mich und meine Frage nach dem Papst ignoriert sie vollkommen, wie sich das für eine züchtige Frau aus Mea Schearim gehört. Es ist überhaupt eine Frechheit, dass ich sie angesprochen habe.

»Ich denke nichts über den Papstbesuch«, antwortet der 25-jährige Nissim trotzig. »Muss ich darüber nachdenken?!??« – Während ich mich frage, warum Juden immer mit einer Gegenfrage antworten müssen, erklärt sein Freund Elasar: »Ich habe gehört, dass sie für den Papst die *Kotel* – so nennen Juden die ›Klagemauer‹ – schließen werden. Stell dir vor, zwölf Stunden lang dürfen wir dort nicht beten! Würden die etwa den Vatikan für zwölf Stunden schließen, wenn unser Oberrabbiner nach Italien kommt?!«

Diese Leute gehen jedem Ausländer und vor allem Christen möglichst aus dem Weg. Um überhaupt eine Chance zu haben, mit ihnen ins Gespräch zu kommen, habe ich mir eine Jarmulke auf den Kopf gesetzt. Jetzt erfährt Elasar, dass ich aus Deutschland komme. Er kommt ins Schwärmen: »Letztes Jahr war ich in Michelstadt, im Odenwald, und habe dort das Grab des Baal Schem von Michelstadt besucht, eine ganze Nacht lang. Und dann waren wir in Warmersa (so nennt man die Stadt Worms am Rhein auf Jiddisch) im Beit Midrasch von Raschi.« Offensichtlich haben die Juden von Mea Schearim auch in Europa eine Welt, die den dort Einheimischen kaum bekannt ist.

Sein Freund Nissim kommt aufs Thema zurück: »Eine Sache, die Freude bringt, ist der Benedikt jedenfalls nicht gerade. Aber ich habe einen Vater da oben«, der schwarz gekleidete Jüngling weist mit dem Zeigefinger gen Himmel, »der dirigiert alle Dinge. Der Papst interessiert mich nicht. Soll er doch tun, was er will. Und überhaupt war Johannes Paul besser.« – »Warum?«, will sein Freund wissen. »Weil er kein Holocaustleugner war!« – »Aber er hat doch gesagt, dass es ihm leidtut«, wagt Elasar einzuwenden. »Das ist doch alles Bluff. Der hat Durban II in Genf unterstützt, verstehst du?! – Aber das interessiert mich überhaupt nicht«, wendet er sich demonstrativ ab: »Ich lerne *Gemarah* (Talmud).«

»Weißt du, dass die Geräte vom Tempel im Keller des Vatikan sind«, findet Elasar dann aber doch noch etwas, was diese Leute in ihrer Welt an der Welt des Katholizismus interessiert. Meinen ungläubig verwirrten Blick beantwortet der ultraorthodoxe Talmudschüler: »Der Rav Lau hat das gesagt.« »Die sagen nicht einfach nur so Dinge, die wissen schon, was Sache ist«, bestätigt Nissim seinen Freund und ihre Rabbiner, »und außerdem sieht man das auf dem Bogen in Rom, wie die Römer die *Menorah* (den siebenarmigen Leuchter) dorthin gebracht haben.« Eine weitere Horde von Buben, die laut schreiend allerlei Holzreste an uns vorbeischleppen, bereitet unserem Gespräch ein abruptes Ende.

Ein paar Gassen weiter sitzt Israel (ein anderer, nicht aus Brooklyn aber mit demselben Namen) in seinem schmuddeligen, verstaubten Schreibwarengeschäft. Bei Israel gibt es alles, was der jüdische Mensch zum Schreiben, Lesen und Beten braucht. »Das ist alles *Schmackes* hier«, kommentiert der 50-Jährige was er feilbietet. In der Hand hält er ein abgegriffenes, vergilbtes Gebetbuch.

»Wann wird das sein?«, beantwortet er meine Frage nach dem Papstbesuch mit einer Gegenfrage. »Nächste Woche«, gebe ich pflichtbewusst Auskunft. »Wann nächste Woche?«, will er ganz genau wissen. »Nun, Montag, Dienstag, Mittwoch …« »Da bin ich auf dem Meron …«, unterbricht er mich gelassen, »dort wird der Papst wohl nicht hinkommen.« Hunderttausende orthodoxer Juden versammeln sich zu *LaG BaOmer*, dem 33. Tag der Omer-Zählung, auf dem Berg Meron in Galiläa und gedenken des Todestages von Rabbi Schimon Bar Jochai.

Die Omer-Zählung beginnt mit dem Passahfest und endet am 50. Tag (griechisch *pentekosta*) mit dem Wochenfest, *Schawuot*, das Christen als Pfingsten feiern (vergleiche 3. Mose 23,9-16). Rabbi Schimon Bar Jochai wird die Verfassung des Sohar-Buches zugeschrieben, das für die jüdische Kabbala-Lehre grundlegend ist. Aber eigentlich feiern Juden *LaG BaOmer* als ein Freudenfest der Gelehrten. Der talmudischen Tradition zufolge starben 24 000 Schüler des Rabbi Akiva (2. Jahrhundert nach Christus) an einer Seuche, weil sie einander nicht die rechte Ehre entgegengebracht hatten. Am 33. Tag der Omer-Zählung hörte die Seuche auf zu wüten. Deshalb dürfen orthodoxe Juden sich nach dem 33. Omer wieder rasieren, man darf wieder heiraten und andere Freudenfeste feiern – was vorher untersagt ist.

»Was soll der Papst Gutes bringen für Israel?«, greift Israel, der Schreibwarenhändler mit dem Gebetbuch in der Hand, den Gesprächsfaden wieder auf. »Du weißt doch, wie die Christen sind, was sie uns die ganzen Jahre über angetan haben, all die Gewalt, die Lüge und der Betrug. Dafür steht der Papst. So ist sein Wesen. Was haben wir mit den Christen zu tun? Was machen seine Leute hier in Israel das ganze Jahr über?? Ich weiß es nicht! Ich habe keinen Kontakt mit ihnen, weiß nicht, wer oder was sie sind.« Es scheint nicht zufällig, dass der hebräische Begriff *Nozrim* (Nazarener), den er dabei als Bezeichnung für die »Christen« verwendet, dem Begriff *Nazim* (Nazis) sehr ähnlich ist.

Prüfend sieht er mir in die Augen. »Ich bin kein Jude«, gestehe ich. »Ja, ja«, fällt er mir da ins Wort: »Es gibt auch Nichtjuden, die in der Zeit des Holocaust, zum Beispiel, gut zu den Juden waren. Du weißt, es gibt ›Gerechte unter den Völkern‹ …« Wir reden noch einige Zeit über das, was die Geschichte dieser Menschen in christlichen Ländern geprägt hat: Pogrome, Vertreibung, Verfolgung, Mord und Erniedrigung. »Ich hoffe, du bist nicht verletzt?«, meint er zum Abschied. Nein, bin ich nicht – ich wollte ja wissen, was diese Leute bewegt.

An den Wänden der Steinmauern von Mea Schearim ist in leuchtenden Farben zu lesen: »Raus mit den Zionisten und ihren Kollaborateuren!« Und: »Zionisten sind keine Juden – Juden sind keine Zionisten!« Da spricht mich Elijahu an, ein bärtiger Schwarzer: »Alle Probleme des Volkes Israel kommen daher, weil wir nicht auf die Weisen und Großen der Tora hören. Deshalb müssen auch die Heiden leiden.« Ich habe meine Frage nach dem Papstbesuch vergessen und höre diesem Mann zu: »Sieh zum Beispiel den Holocaust. Das Volk Israel hat viel gelitten. Aber die Heiden haben viel, viel mehr gelitten. Nur redet man darüber nicht. Die Gottlosigkeit des jüdischen Volkes ist schuld am Elend dieser Welt. Erst wenn wir den Schöpfer der Welt anerkennen, wird sich etwas ändern.«

Elijahu gehört zu den *Neturei Karta*, einer Gruppe von ultra-orthodoxen Juden, die den Staat Israel in seiner heutigen Form ablehnt. »Wir sind die wahren Zionisten«, betont er. »Wozu wurde das Land Israel dem Volk Israel gegeben? Der Heilige – gelobt sei Er – wollte, dass wir hier in der Tora und in den Geboten leben. Wenn wir nicht auf dem Weg der Tora leben, haben wir hier nichts zu suchen. Hier ist das Heilige Land, das Haus Gottes.« Den säkularen Zionisten wirft er vor, das Heilige Land geraubt zu haben. Aber auch seine eigenen Eltern sind 1951 in Israel eingewandert, »weil die Araber im Irak sie hinausgeworfen haben. Sie hatten keine andere Wahl, als hierherzukommen.«

Während der Staat Israel Millionen in den Papstbesuch investiert, bereitet sich Mea Schearim auf *LaG BaOmer* vor. An den Plakatwänden werden die logistischen Details verkündet. Viele fahren nach Galiläa – die meisten bleiben zu Hause und zünden am Abend des 11. Mai 2009, am Vorabend des 33. Tages der Omer-Zählung, die traditionellen Feuer an. Dann ist das orthodoxe Jerusalem – und weite Teile des Landes Israel überhaupt –

vom Qualm der Lagerfeuer durchzogen, für die die Kinder schon wochenlang vorher alles Holz (und was sie sonst noch für brennbar halten) sammeln, das nicht niet- und nagelfest ist. Neben mir öffnet sich eine Tür. Ein Schreiner wirft ein paar Bretter auf die Straße. Aus allen Richtungen stürzen sich die schwarz-weißen Buben auf das Holz und balgen sich darum. Woher die Lagerfeuertradition wirklich stammt, weiß niemand genau. Aber sie macht Spaß! Viel mehr Spaß, als über den Besuch des alten Mannes aus Rom nachzudenken.

Per Satellitensender und Radar

Kapital will Dr. Jossi Leschem aus der weltweiten Vogelgrippenpanik schlagen. Das gibt der israelische Zoologe ganz unumwunden zu. Als Gründer und Leiter des Internationalen Studienzentrums für Vogelmigration in Latrun – auf halbem Wege zwischen Tel Aviv und Jerusalem gelegen – bietet Leschem seiner Regierung Daten über den Gesundheitszustand der osteuropäischen Zugvogelbevölkerung, wenn sie dafür bezahlt. Umgerechnet 400 000 Euro erhofft er sich vom Gesundheitsministerium für seinen Beitrag im Kampf gegen die Vogelgrippe.

Millionen von Zugvögeln – in diesem Falle sind es Kraniche – ziehen jedes Jahr zweimal durch Israel

Israel liegt am Schnittpunkt dreier Kontinente. »Aus politischer Sicht ist das ein Desaster«, resümiert Jossi Leschem, »aus ornithologischer Sicht eine Sensation.« Zweimal im Jahr ziehen 500 Millionen Vögel auf dem Weg von Eurasien nach Afrika und zurück über das Land hinweg. Tagsüber sind es die großen Vögel: Kraniche, Pelikane, Störche und Greifvögel. Im April 2005 passierte beispielsweise ein Schwarm von 105 000 Weißstörchen in nur fünf Stunden das Land in Richtung Norden – fast 25 Prozent der Störche, die Israel pro Saison überfliegen, auf einmal. Nachts sind riesige Schwärme von Singvögeln unterwegs, die nicht auf die Thermik angewiesen, aber lieber in der Kühle der Nacht unterwegs sind.

Auch die Dichte der Kampfflugzeuge im israelischen Luftraum ist ein Weltrekord – die genaue Anzahl der israelischen Kampfflugzeuge ist ein Militärgeheimnis. Ganz unheimlich dagegen ist, dass Israel in 25 Jahren neun Flugzeuge durch Zusammenstöße mit Vögeln verloren hat. Drei Piloten kamen dabei ums Leben. Allein zwischen 1972 und 1982 – noch bevor die Luftwaffe aus dem riesigen Übungsgebiet des Sinai nach Israel zurückverlegt werden musste – gab es 75 Kollisionen, bei denen jeweils mehr als eine Million Dollar Sachschaden entstand. Der Konflikt mit den Zugvögeln ist ein ernsthaftes Problem für die israelische Armee.

In Zusammenarbeit mit Leonid Dinewitsch, einem Radarspezialisten und ehemaligen General der Roten Armee, der nach Israel eingewandert ist, brachte Jossi Leschem ein Wetterradar von Russland nach Israel. Genau verfolgen die Vogelfreunde das Verhalten der Vogelschwärme, ihre Flugroute, Geschwindigkeit und die Höhe, in der sie sich fortbewegen, und wo sie rasten. Diese Daten geben sie an die Armee weiter. Das Resultat: Die Kollisionen der so verschiedenartigen Luftwegsbenutzer konnten um 76 Prozent reduziert werden. Wenn die Pelikangeschwader vom Donaudelta in den Sudan fliegen, bleiben die Verteidigungsgeschwader am Boden, oder nutzen einfach eine andere Luftschicht.

»Die Vögel sollten als Potenzial wahrgenommen werden«, meint Dr. Leschem, »das genauso wichtig ist, wie die Geschichte und Archäologie des Landes.« Heute schon hat das Huletal im äußersten Norden Israels 30 000 Besucher pro Vogeldurchzugssaison, und 115 000 Deutsche kommen jährlich als »Birdwatchers« in das Vogelparadies zwischen Metulla und Eilat.

Außerdem haben die Vögel Macht, Menschen zu verbinden. Jossi Leschem weiß, wovon er redet. Im Rahmen seiner Arbeit hat er nicht nur Palästinenser zu Vogelspezialisten ausgebildet, sondern auch Generäle der jordanischen Luftwaffe in Latrun begrüßt und sie salutieren sehen – wo sich Israelis und Jordanier im israelischen Unabhängigkeitskrieg eine ihrer verlustreichsten Schlachten geliefert haben.

Große Vögel haben die Vogelexperten mit Satellitensendern ausgerüstet. Auf diese Weise kann heute jeder über die Webseite Jossi Leschems, www.birds.org.il, mitverfolgen, wie der Gänsegeier Salam von Gamla in den Golanhöhen aus seine Runden bis in den Jemen an der Südspitze der Arabischen Halbinsel zieht. Seit einem Jahrzehnt verfolgen die Ornithologen im Rahmen eines deutsch-israelischen Projekts das Storchenpärchen Prinzesschen und Jonas, das in Loburg seinen Nistplatz hat. Prinzesschen überwintert regelmäßig auf ein und demselben Baum in Kapstadt in Südafrika, während das Männchen Jonas in Spanien Winterurlaub macht. Ein Pelikan wurde im Sudan gefasst und wegen des israelischen Senders als Mitarbeiter des Geheimdienstes Mossad verdächtigt.

Leschem und seine Mitarbeiter träumen von einem überregionalen Überwachungsnetz, das sich von der Türkei bis nach Mosambik, das heißt über den gesamten syrisch-afrikanischen Graben, erstreckt. Unter der Führung des jüdischen Staates kann die israelische Initiative allerdings nichts werden. »Zu viele Staaten haben Vorbehalte gegen uns.« Deshalb hofft Leschem, dass Kenia die Führung des Projekts übernehmen wird. Über eine international zugängliche Datenbank könnten alle Daten weltweit schnell und unkompliziert abrufbar sein. In 13 Überwachungsstationen, die über ganz Israel verteilt sind, kann Jossi Leschem 500 bis 5 000 Vögel täglich überprüfen.

Amir Balaban vom Jerusalemer Vogelbeobachtungszentrum zeigt, wie die Praxis der Vogelzugüberwachung aussieht. Zwischen der Knesset und dem Obersten Gerichtshof konnten die Vogelfans mitten im Zentrum ein Stück Land ergattern. Eifersüchtig wachen sie darüber, dass ihr Gewirr aus Unkraut und verfaulten Bäumen nicht den Grundstücksspekulanten und Stadtbauern zum Opfer fällt. »Jedes Jahr pflanzen wir weitere Bäume, um die biologische Vielfalt unserer Oase zu erweitern.«

Hier können die Wanderer, in diesem Falle vor allem Singvögel, auftanken. Innerhalb einer Woche fressen sich die kleinen Vielflieger 25 Prozent ihres Fettgehalts an. Die Vögel werden in Netzen gefangen, beringt, gewogen, gemessen und so schnell wie möglich wieder in die Freiheit entlassen. Anhand des Fettpolsters kann Balaban ziemlich genau sagen, wann der Vogel in seiner Hand weiterfliegen wird.

Mehr als 40 000 Vögel wurden bereits auf diese Weise registriert. Jetzt hoffen die Vogelbeobachter, dass sich die möglichen Finder eines Vogelringes melden und so Daten für das Verhalten der überwiegend europäischen Singvögel gesammelt werden können. Das Jerusalemer Vogelbeobachtungszentrum steht übrigens jedem Besucher offen und man kann dort außer Vögeln auch Stachelschweine, Igel, Schlangen, Schakale und manch anderen interessanten Bewohner der Innenstadt Jerusalems beobachten.

Wie Berge Jerusalem umgeben …

… umgibt und schützt der Herr sein Volk (Psalm 125,2).

Seit Jahren klebt an unserem Kühlschrank ein Magnet: Ein Bild von Jerusalem auf dem auf Hebräisch ein Vers aus Psalm 125 zitiert wird: »Wie die Berge Jerusalem umgeben …« Meine tschechische Freundin ist zum ersten Mal zu Besuch gekommen. Sie ist Bibelleserin und kennt diesen Psalm natürlich. Doch ihre Vorstellungen über die biblische Landschaft waren entweder von einem Film oder gar von den Bildern aus der Kinderbibel geprägt. In ihrer Fantasie lag Jerusalem in einer ebenen Landschaft. Ja, unsere Vorstellungen bilden wir uns unbewusst. Oft wissen wir gar nicht, woher sie kommen. Auch das Land Israel, das Volk, der Messias – all das, was wir so gut aus der Bibel zu kennen meinen, ist in Wirklichkeit nicht selten ganz anders als wir es uns vorgestellt haben.

Jerusalem von Westen her gesehen

Je weiter meine Freundin im Bus nach Jerusalem hinauffährt, desto mehr nimmt ihr Erstaunen über die Berglandschaft zu. Einige der in Psalm 125 erwähnten Berge liegen heute nicht mehr »um« Jerusalem, sondern sind Teil der Stadt geworden. Zwischen ihnen liegen tiefe Täler. Sie staunt, wie realitätsnah die Beschreibung der Berge des Psalmisten ist. Dadurch kommt sie zu dem Schluss, dass auch der zweite Teil des Verses stimmen muss: »So wie die Berge Jerusalem umgeben und schützen, so umgibt und schützt der Herr sein Volk.«

In der Zeit, als der Magnet am Kühlschrank hing, lernten wir mit unseren Kindern diesen Psalm auswendig. Später nahm ich meine Freundin zu einem Ausflug in die Gegend, in der nach der Tradition Johannes der Täufer gelebt haben soll. Wir sitzen auf einem Hügel in dem typischen, trockenen Pinienwald, beten und schauen in die hügelige Jerusalemer Landschaft. Dann trifft mich die Erkenntnis wie ein Blitz aus heiterem Himmel: Es ist wahr! Wie der Duft des Kieferwaldes, der staubige Weg und der Blick auf den gegenüberliegenden Hügel: »Der Herr umgibt sein Volk!« Und das sogar noch realitätsnäher als ich das mit meinen Augen wahrnehmen kann: »Von nun an bis in Ewigkeit.«

Wenn man im hügeligen Jerusalem lebt, verändert sich die Perspektive. Die Bibel wird lebendig. Uralte Verheißungen erfüllen sich und werden wahr. Alte Vorstellungen müssen langsam aber sicher der Wahrheit weichen.

Der Priestersegen

In der Wüste redete der Herr mit Mose darüber, dass Aaron und seine Söhne, die Priester, Israel segnen sollten. Er sagte genau, mit welchen Worten dies zu geschehen habe. Hebräisch ist eine sehr kompakte Sprache. Manchmal müssen zwei hebräische Worte im Deutschen mit einem ganzen Satz wiedergegeben werden. »Segnet die Israeliten mit diesem Segen: ›Der Herr segne dich und beschütze dich. Der Herr wende sich dir freundlich zu und sei dir gnädig. Der Herr sei dir besonders nahe und gebe dir seinen Frieden.‹ Auf diese Weise sollen Aaron und seine Söhne meinen Namen über den Israeliten aussprechen und ich selbst will sie segnen« (4. Mose 6,22-27).

Ausleger sind sich darin einig, dass dieser Segen sowohl materielles, physisches Wohl als auch geistlichen Reichtum beinhaltet und in einem alles umfassenden Friedenswunsch gipfelt. Der Herr möchte die Israeliten segnen. Die Priester sollen sein Instrument des Segnens sein. Obwohl dieser Segen über eine Volksmenge ausgesprochen wird, ist er in der zweiten Person formuliert, persönlich ausgerichtet: Jeder Einzelne soll gesegnet werden.

Dieser Segen wird in Israel jeden Tag während des Morgengebets gesprochen, am Schabbat und an Feiertagen im Zusatz – dem Mussafgebet. Außerhalb des Landes Israel wird der Priestersegen nur an Feiertagen gesprochen. An den drei Wallfahrtsfesten versammeln sich viele Juden in Jerusalem an der Klagemauer. Dort wird dieser Segen durch Priester ausgesprochen beziehungsweise gesungen. Die *Kohanim*, die als Priester anerkannten Nachfahren Aarons, werden von Rabbinern an der Klagemauer aufgerufen zu kommen, um das jüdische Volk in Israel und der Diaspora zu segnen. Hunderte von Priestern sind versammelt, die Köpfe mit dem Gebetsschal verhüllt, die Hände ausgestreckt sprechen sie den aaronitischen Segen dem Vorsänger – dem *Chasan* – nach.

Beim Priestersegen an der Westmauer

Die Idee dieser Massensegnung an der Klagemauer stammt von Rabbi Menachem Mendel Gafner. Während des Zermürbungskrieges, soll der Jerusalemer Rabbi 1970 auf einer Bank an der Klagemauer gesessen und über die Situation, über Geschichten aus dem Talmud und Texte aus der Bibel nachgedacht haben. Er erinnerte sich an die Erneuerung der Passahfeier unter König Hiskia: »Danach sprachen die levitischen Priester den Segen über das Volk und Gott erhörte ihr Gebet in seiner heiligen Wohnung im Himmel« (2. Chronik 30,27). Im »Sefer Chasidim«, einem Buch, das Rabbi Jehuda HaChasid vor etwa 700 Jahren verfasst hatte, las Rabbi Gafner einen antiken Bericht über eine Priesterprozession um den Ölberg. Diese Prozession sollte das Kommen des Messias beschleunigen.

Freunde von Rabbi Gafner und einige weitere Rabbiner ließen sich für die Idee des Priestersegens begeistern. Als Ort dafür kam entweder der Ölberg oder die Klagemauer infrage. Man entschied sich für die Klagemauer. Die erste Priestersegnung fand im jüdischen Monat Kislev im Jahr 1970 statt. Rabbi Gafner war selbst überrascht, wie viele Menschen zu dieser Zeremonie erschienen. Er starb 1984 und erlebte selbst 51 Priestersegnungen an der Klagemauer mit. In seinem Testament schrieb er: »Der Priestersegen soll mit Gottes Hilfe fortgesetzt werden bis unser gerechter Erlöser kommt.«

Dieser alttestamentliche Segen genießt auch unter Christen hohes Ansehen. Im 16. Jahrhundert schlug Martin Luther vor, mit diesen Worten im evangelischen Gottesdienst die Gemeinde zu segnen. Das ist bis heute Praxis. Der aaronitische Segen wird in der katholischen und anglikanischen Kirche gesprochen. Christen sollten aber nicht vergessen, wem dieser Segen ursprünglich nach Gottes Willen galt. Das »königliche Priestertum« sollte weiterhin zuerst das jüdische Volk segnen, ihm allen materiellen und geistlichen Segen und vor allem Frieden wünschen. Die Gemeinde sollte mit diesen Worten nicht sich selbst, sondern die Kinder Israel segnen. Das wird dann wieder auf sie zurückkommen, denn der Herr hatte Abram versprochen: »Wer dich segnet, den werde ich auch segnen« (1. Mose 12,3).

Ämterrennerei in der Heiligen Stadt

In den vergangenen Jahren bin ich gerne am Montagnachmittag zur *Bituach Leumi*, der staatlichen Sozialversicherung, gegangen. Das Versicherungsamt ist zu dieser Zeit nicht so voll wie sonst, und ich kann meine Sachen schnell erledigen. Da die Ämterrennerei nicht zu meinen Lieblingsbeschäftigungen gehört, bin ich froh, dass es den ruhigen Montagnachmittag gibt.

Aber die Zeiten haben sich geändert, und mit ihnen die Vorschriften, wie ich schon bald erfahren sollte. Eigentlich hätte ich es ahnen müssen, als ich mit meiner Nummer warte und ein paar Menschen vor mir abgewiesen werden. Sie sollen am nächsten Morgen wiederkommen, und zwar »nur am Vormittag«, wird ihnen mitgeteilt. Doch ich bin voll Zuversicht. Schließlich habe ich alles Nötige dabei. Es gibt gar keinen Grund, mein Anliegen nicht zu bearbeiten.

Trotzdem muss die junge Büroangestellte bei einer anderen Stelle anrufen, um mir mitteilen zu können: »Du bist noch nicht ins Land eingereist! Komm morgen früh wieder und bring deinen Pass und eine Bescheinigung mit, dass du in Israel angekommen bist!«

Doch so leicht lasse ich mich nicht abwimmeln. Immerhin habe ich meinen Pass dabei und auch die gewünschte Bescheinigung: »Wie soll das möglich sein, dass ich nicht ins Land eingereist bin?« Aus meiner Tasche hole ich das Papier und beweise schwarz auf weiß meine Anwesenheit. Doch die Bürokratin ist nicht einmal bereit hinzuschauen. »So etwas wird am Montagnachmittag nicht mehr erledigt. Und Schimon hat gesagt …«

»Schimon« beeindruckt mich wenig; ich bin noch nicht bereit aufzugeben. Da wirft sie mit den Worten »Gesetz« und »Vorschrift« um sich und erklärt, diese nicht ändern zu können. Ein Ungeduldiger in der Warteschlange hinter mir gibt sich Mühe, mir zu erklären, mein Kampf sei verloren. Offensichtlich soll ich ihm nicht länger im Wege stehen, sein eigenes Urteil anhören zu müssen. Aber ich weiß, wo Schimon sitzt und entschließe mich, an die Tür des Vorgesetzten zu klopfen. Zudem höre ich, dass er guten Mutes zu sein scheint. Lautes Gelächter ertönt aus seinem Büro.

Nach kurzem Zögern erlaubt er mir einzutreten. Ich darf ihm die Frage stellen, an der mein Schicksal hängt: »Wie ist es möglich, dass ich noch nicht nach Israel eingereist bin?« – Die Antwort ist eigentlich ganz einfach: Anfang Dezember war ich ein Wochenende im Ausland. Und bis Ende Januar war es dem Innenministerium noch nicht gelungen, meine Gegenwart zu bestätigen. Die Information über meine Wiedereinreise fehlt im Computer. Daher bin ich praktisch nicht vorhanden.

»So arbeiten die im Innenministerium?«, frage ich erstaunt. »Ja, so arbeiten sie und man muss geduldig warten«, belehrt mich Schimon. »Komm am nächsten Montagvormittag wieder. Montags werden wir immer vom Innenministerium informiert.« »Aber woher weiß ich, dass ihr am nächsten Montag tatsächlich wisst, dass ich angekommen bin?«, wage ich einzuwenden. So bekomme ich schließlich eine Telefonnummer, die mir hoffentlich einen weiteren unnötigen Gang zur *Bituach Leumi* erspart und meine Nerven schont.

Auf dem Weg zum nächsten Termin, bei dem ich aufgrund der Diskussionen in der Sozialversicherung zu spät kommen werde, gehen mir unheimliche Gedanken durch den Kopf: »Bin ich vielleicht eine verlorene Existenz oder gar vermisst? Am 5. Dezember bin ich doch ganz bestimmt in Prag ins Flugzeug nach Tel Aviv gestiegen – und am 24. Januar noch immer nicht in Israel angekommen?« Für einen einfachen Menschen, der auf Gedeih und Verderb auf diese Ämter angewiesen ist, ist das alles zu kompliziert. Vernünftig ist da nur, mit Hilfe dieser Ämter und ihrer Angestellten unzählige Tugenden einzuüben, wie etwa Ausdauer, Selbstbeherrschung, Mut, Freundlichkeit, Humor, Gottvertrauen ... und Geduld, Geduld und nochmals Geduuuld!

Pflichtbesuch Jerusalem

Mindestens zweimal müssen Israels Schüler im Laufe ihrer Schulzeit von nun an Jerusalem besuchen. So lautet eine der ersten Entscheidungen des neu besetzten israelischen Erziehungsministeriums. Ab sofort besteht die Pflicht, dass jedes Kind im jüdischen Staat mindestens einmal in der sechsjährigen Grundschulzeit und einmal während der sechs Jahre Oberschule in die Hauptstadt reisen muss.

Zum obligatorischen Programm gehören die Westmauer in der Jerusalemer Altstadt, der Munitionshügel im Norden der Stadt, das Oberste Gericht, die Knesset und die Holocaustgedenkstätte Jad VaSchem. Die Westmauer, von Christen auch »Klagemauer« genannt, ist Teil der herodianischen Umfassungsmauer des zweiten Tempels. Sie ist der Ort, an dem das jüdische Volk, seinem zerstörten Heiligtum am nächsten, beten darf. Der Munitionshügel steht für einen heftigen Kampf, der im Juni 1967 zur Wiedervereinigung Jerusalems führte.

Erziehungsminister Gideon Saar (Likud) und sein 72-jähriger Generaldirektor Schimschon Schoschani wollen damit jüdischen Werten im israelischen Bildungssystem neues Gewicht verleihen und einem gesellschaftlichen Trend entgegensteuern. Eine Umfrage aus dem Jahre 2008 ergab, dass die israelische Jugend die Stadt als »weit entfernt« und »fremd« empfindet, als Hauptstadt der Ultraorthodoxen und Araber, als Hauptstadt eines anderen Volkes, gar eines anderen Staates.

»Wenn ich nach Jerusalem komme, habe ich das Gefühl, ich komme nach Teheran«, meinte einer der bekanntesten Radiojournalisten Israels bei einem seiner seltenen Besuche. 2008 ergab eine Umfrage in der israelischen Armee, dass fünfzig Prozent aller Rekruten vor ihrem Militärdienst noch nie die Heilige Stadt besucht hatten. Und auch eine aktuelle Statistik des Erziehungsministeriums bestätigt: Die Hälfte aller israelischen Schüler hat noch nie Jerusalem besucht.

Diese Zahlen sind kein Zufall, sondern Symptom. Jerusalem als Hauptstadt des jüdischen Staates Israel ist nicht nur international, sondern war auch innerhalb des jüdischen Volkes von Anfang an heftig umstritten. So erklärte der erste Premierminister Israels, David Ben Gurion, Jerusalem am 10. Dezember 1949 Jerusalem in der Knesset zur Hauptstadt – gegen den Widerstand des ersten Staatspräsidenten Chaim Weizman. Der damalige Außenminister, Mosche Scharet, reichte deshalb seinen Rücktritt ein. Ben Gurion wusste das zu verbergen und weigerte sich, die Rücktrittserklärung anzunehmen.

Nach dem Sechstagekrieg von 1967 forderte David Ben Gurion, Jerusalem und seine Umgebung schnell mit Massen von Juden zu besiedeln. Der Historiker Zvi Zameret, Direktor des »Jad Ben Zvi-Instituts« in Jerusalem, zitiert den Staatsgründer: »Nicht nur durch Verlautbarungen oder Eroberungen, sondern durch die Kraft der Tat, der Bildung und des Bauens wird Jerusalem erlöst.« Ben Gurion hat in diesem Zusammenhang gefordert, die Mauern der Altstadt von Jerusalem niederzureißen, um jede Trennung zwischen dem alten und dem neuen Jerusalem zu beseitigen und die beiden zu einer vereinigten und unversehrten Stadt zu machen.

Bar-Mizwa – Geburtstag mit großen Verpflichtungen

Israelis investieren viel Zeit, Energie und Geld in ihre Feste. Sie feiern die biblischen Feste, die der Herr selbst geboten hat; das Passahfest (*Pessach*), das Pfingstfest (*Schawuot*) und das Laubhüttenfest (*Sukkot*). Aber es gibt auch noch andere Feste, die ihren Ursprung in der Bibel haben, etwa das Purimfest, über das im Buch Esther berichtet wird, oder Chanukka, an dem im Dezember der Sieg über die Hellenisten gefeiert wird, wie das in den Makkabäer-Büchern steht. Darüber hinaus bietet die biblische Tradition noch weitere Anlässe für Familienfeiern; die Beschneidung, die Auslösung des erstgeborenen Sohnes und die Hochzeit. Hinzu kommt im modernen Israel noch der Unabhängigkeitstag und jede Woche natürlich der Sabbat, sodass man eigentlich von einem Fest auf das nächste zulebt. Dazwischen liegen Fastenzeiten, Fastentage und traurige Erinnerungstage, wie der Holocaustgedenktag oder der Gedenktag an die gefallenen Soldaten.

Auch Kindergeburtstage werden mit Begeisterung, lautstark und gerne gefeiert und das bei durchschnittlich drei bis fünf Kindern pro Familie. Eine bedeutende Geburtstagsfeier wird gehalten, wenn ein Junge dreizehn Jahre oder ein Mädchen zwölf Jahre alt wird. Dieses Fest heißt bei Jungs *Bar-Mizwa* und bei Mädchen *Bat-Mizwa*. *Mizwa* heißt »Gebot«. Wenn ein Kind zum »Sohn« oder zur »Tochter des Gebots« wird, bedeutet das, dass der Jugendliche fortan selbst die Verantwortung in religiösen Angelegenheiten tragen soll. Es ist nicht ganz auszuschließen, dass sich diese jüdische Sitte als Alternative zur katholischen Firmung oder der evangelischen Konfirmation entwickelt hat. Als Zeremonie ist es eine relativ neue Sitte. Früher gab es nur eine *Bar-Mizwa* für die Jungen. Dass Mädchen eine *Bat-Mizwa* feiern, ist eine Sitte, die erst in den letzten Jahren entstanden ist.

Ein ultraorthodoxer Junge feiert seine Bar-Mizwa

Nach biblischer Vorstellung tragen Eltern die Verantwortung für das Verhalten ihrer Kinder, besonders dann, wenn es um den Gehorsam Gott gegenüber geht. Nach jüdischer Tradition soll ein Jude im Teenageralter die Verantwortung für sein Handeln übernehmen. So wird etwa der 24-stündige Verzicht auf Essen und Trinken am *Jom Kippur*, dem großen Versöhnungstag, in orthodoxen Familien von Jugendlichen nach ihrer *Bar/Bat-Mizwa* erwartet.

Im orthodoxen Umfeld bereiten sich die Jungen gründlich auf ihre *Bar-Mizwa* vor. Sie lernen unter rabbinischer Aufsicht den Wochenabschnitt aus der Tora, der auf ihren Geburtstag fällt, um ihn dann aus der Torarolle vortragen zu können. Die fünf Bücher

Mose sind in Wochenabschnitte von meist mehreren Kapiteln aufgeteilt, sodass man während eines Jahres die gesamte Tora einmal durchliest. Dieser Zirkel geht am Laubhüttenfest zu Ende. Am letzten Tag des Festes, dem Freudenfest der Tora, *Simchat Tora*, fängt man wieder von vorne an.

Den biblischen Text in der Originalsprache richtig vorzutragen, ist nicht einfach. Das Althebräische unterscheidet sich von der modernen Sprache. Im ursprünglichen Text stehen auch keine Vokale, der Text ist also unpunktiert. Zudem wird der Text vorgesungen. Der *Bar-Mizwa*, der »Sohn des Gebots«, liest seinen Text entweder in der Synagoge oder an der Klagemauer in Jerusalem öffentlich vor. Während dieser Zeremonie legt der 13-Jährige erstmals die Gebetsriemen an und verpflichtet sich regelmäßig zu beten. Dabei rezitiert er beispielsweise Hosea 2,21f (Luther 1984): »Ich will mich mit dir verloben für alle Ewigkeit, ich will mich mit dir verloben in Gerechtigkeit und Recht, in Gnade und Barmherzigkeit. Ja in Treue will ich mich mit dir verloben, und du wirst den Herrn erkennen.«

Das Festmahl, zu dem die Familie anschließend Verwandte und Freunde einlädt, die nicht selten aus dem Ausland kommen, findet in der Regel in einem gemieteten Saal statt. In diesem Rahmen hält der Junge oder das Mädchen dann eine Rede zu seinem Wochenabschnitt. Zum Abschluss bedankt sich das Kind bei seinen Eltern und allen, die es bis dahin begleitet haben. Die Eltern übergeben ihrerseits symbolisch die Verantwortung mit dem Spruch ab: »Danke dem, der mich von der Verantwortung für dieses Kind befreit hat.« Natürlich werden sie auch weiterhin für ihren Jugendlichen sorgen. Es geht aber um die Selbstverantwortung im religiösen Bereich.

Nichtreligiöse Familien feiern in ihrem eigenen Stil, den Interessen des Kindes entsprechend. So kann eine israelische Bar-Mizwa durchaus auch einmal einer Disco gleichen. In manchen messianisch-jüdischen Familien übt der Junge das Vorlesen des biblischen Textes – aber das kommt auf die Überzeugung und

Prägung der jeweiligen Familie an. In den vergangenen Jahren haben vermehrt Holocaustüberlebende ihre *Bar-Mizwa*, die ihnen im Konzentrationslager oder auf der Flucht unmöglich gemacht und damit geraubt worden war, nachgefeiert. So ein Ereignis ist von einer ganz besonderen Freude geprägt.

Zwei sephardische Jungen werden an der Westmauer zu ihrer Bar-Mizwa getragen

Schawuot, das Wochenfest

»Broccoli-Pie«, verschiedene Arten von Käse, guter Wein und als Dessert Käsekuchen, süße Wasser- und Honigmelonen, Trauben ohne Kerne, Pfirsiche, Nektarinen, eine Weizengarbe als Dekoration. So wird das Schawuot, das Wochenfest – das Fest der Erstlingsfrüchte und des Wortes – gefeiert. Der Synagogenbesuch dauert an diesem Fest eine ganze Nacht. In Kindergärten und Schulen lernen Kinder viele Lieder und Gedichte, in denen die Ernte, die Fülle der Früchte und das gute Land besungen werden.

Dort lernen sie auch den biblischen Hintergrund des Festes kennen. Anweisungen, dieses und andere Feste zu feiern, finden sich in 3. Mose 23 und 5. Mose 16: »Der Herr sprach zu Mose: ›Gib den Israeliten folgende Anweisungen: Die Feste des Herrn sollt ihr als heilige Versammlungen ausrufen. Dies sind meine Feiertage.‹« Das Volk lagerte noch in der Wüste, als der Herr es durch Mose auf den Einzug in das verheißene Land vorbereitete: »Wenn ihr in das Land kommt, das ich euch geben werde, und die Getreideernte einbringt, sollt ihr dem Priester die erste Garbe eures Getreides geben. (...) Vom Tag nach dem Sabbat an – dem Tag, an dem ihr die Getreidegarbe als Weihegabe dargebracht habt – sollt ihr sieben Wochen abzählen. Zählt 50 Tage bis zum Tag nach dem siebten Sabbat und bringt dann dem Herrn ein Opfer von neuem Getreide.«

Das hebräische Wort *Schawuot* bedeutet »Wochen«. Von der neuen Ernte sollten die Kinder Israel nichts essen, solange sie nicht ihre Erstlingsgabe dem Herrn gebracht hatten. Nachdem diese geweiht worden war, durfte sie mit Dank genossen werden. Dabei sollten aber die Armen und Fremden nicht vergessen werden (3. Mose 23,22).

»Erstlinge« sind in der Bibel sowohl erste Ernteerträge als auch die erstgeborenen Söhne und das erstgeborene männliche Vieh. Das alles gehört dem Herrn. Es sind seine Gaben, sein Segen und es gibt scheinbar niemanden, der mit gar nichts gesegnet wurde, denn: »Feiert dann das Fest der Ernte zu Ehren des Herrn, eures Gottes. Bringt ihm ein freiwilliges Opfer dar, je nachdem, wie reich er euch gesegnet hat« (5. Mose 16,10).

Freude gehört untrennbar zu den biblischen Festen. Freude ist ein Gebot im Judentum: »Feiert ein fröhliches Fest vor dem Herrn, eurem Gott, und zwar an dem Ort, den er bestimmt hat, damit dort sein Name verehrt werde. Feiert mit euren Söhnen und Töchtern, euren Sklaven und Sklavinnen, den Leviten aus euren Städten, den Ausländern sowie den Witwen und Waisen, die unter euch leben« (5. Mose 16,11). Freude ist so sehr im jüdischen Bewusstsein verankert, dass ein säkularer Liedermacher in seinem Text geschrieben hat: »Gib uns Kraft, damit wir uns weiter freuen können.« Das Wort vergeben wäre im Hebräischen an der Stelle genauso ein guter Reim gewesen. Als Christin hätte ich vielleicht dieses Wort gewählt in einer Situation der Bedrohung. Juden überwinden oft schwere Situationen, indem sie das Gebot der Freude verwirklichen. Beispielsweise hat ein Schabbat immer Vorrang vor Trauertagen. Als im März 2011 unmittelbar vor Purim eine von 60 Raketen aus dem Gazastreifen auf Israel abgefeuert wurde, haben viele aus dem bedrohten Gebiet trotzdem gefeiert. In einem von den beliebten Liedern heißt es: »Wir werden nicht aufhören zu singen.« Und tatsächlich; sie singen, tanzen und leben. Das ist ihre Antwort auf die ständigen Versuche ihr Volk auszulöschen. Nach einem Busanschlag in Jerusalem am Nachmittag standen abends schon wieder Reisende da. Sie haben Mut weiterzuleben.

Dieses Gebot der Freude wird vom Apostel Paulus aufgegriffen und den Gläubigen zeitlich unbegrenzt weitergegeben: »Freut euch im Herrn. Ich betone es noch einmal: Freut euch!« (Philipper 4,4).

Israelis können Feste feiern, sich freuen und genießen. Ein Fest vorzubereiten ist viel Arbeit. Das gehört zum Lebensrhythmus in Israel und da wird viel investiert. Oft sieht man Väter im Park, die den Müttern kleine Kinder abnehmen, damit die putzen, kochen und backen können. Danach gilt es mit der Arbeit aufzuhören. Auch das ist eine Lebenskunst, die dem jüdischen Volk gegeben ist.

Die letzte Anweisung bezüglich des Wochenfestes in 5. Mose, bevor das Laubhüttenfest vorgestellt wird, lautet: »Denkt daran, dass ihr Sklaven in Ägypten wart« (5. Mose 16,12). Es hilft tatsächlich, fröhlich und dankbar zu sein, wenn man sich darüber bewusst ist, aus welchem Zustand man durch Gott erlöst wurde. Für das jüdische Volk ist es ein Vorrecht, nach zweitausend Jahren Diaspora das Wochenfest wieder im eigenen Land feiern zu dürfen.

Aus den Zeitangaben im 1. Kapitel des 2. Buches Mose versteht das jüdische Volk, dass etwa in dieser Zeit der Ernte am Sinai die Tora gegeben wurde. Heute ist es nicht mehr möglich, Gaben und Opfer im Tempel darzubringen. Deshalb wird das Wort Gottes zum Inhalt dieses Festes und mit Milch verglichen. Dieser Vergleich muss eine lange Tradition haben, denn die jüdischen Schreiber, deren Briefe wir im Neuen Testament lesen können, haben die Anfänger im Glauben ermahnt, nach dieser Milch begierig zu sein: »Trennt euch deshalb von aller Bosheit und jeder Form von Betrug. Entscheidet euch gegen alle Heuchelei und Eifersucht und üble Nachrede. So wie ein Säugling nach Milch schreit, sollt ihr nach der reinen Milch – dem Wort Gottes – verlangen, die ihr benötigt, um im Glauben zu wachsen« (1. Petrus 2,1f).

Die Reiferen im Glauben dagegen wurden ermutigt, zu fester Speise überzugehen und nun nicht bei der Lehre für Anfänger zu bleiben: »Liebe Brüder, als ich bei euch war, konnte ich nicht so mit euch reden, wie ich es mit Menschen, die im Glauben gewachsen sind, getan hätte. Ich musste mit euch reden, als würdet ihr noch zu dieser Welt gehören oder als wärt ihr kleine Kinder im Glauben. Ich musste euch mit Milch ernähren statt mit fester Nahrung, die ihr noch nicht vertragen hättet. Und ihr könnt sie wohl auch jetzt noch nicht zu euch nehmen« (1. Korinther 3,1-2; Hebräer 5,6).

Pidjon Ben – Die Auslösung des Erstgeborenen

Israel ist mein erstgeborener Sohn (2. Mose 4,22)

Auf einem silbernen Tablett wird das Baby »serviert«. Worum es bei der »Auslösung des Erstgeborenen« – hebräisch *Pidjon HaBen* – inhaltlich geht, wird im 2. Buch Mose erklärt: »Mit großer Macht hat der Herr uns damals aus der Sklaverei in Ägypten geführt. Der Pharao wollte uns nicht ziehen lassen. Deshalb tötete der Herr alle männlichen Erstgeburten der Ägypter und ihrer Tiere. Darum opfern wir jetzt alle erstgeborenen männlichen Tiere dem Herrn, und die erstgeborenen Söhne kaufen wir los« (2. Mose 13,14f). Gott selbst sendet Mose zum Pharao: »Dann sollst du zum Pharao sagen: ›So spricht der Herr: Israel ist mein erstgeborener Sohn. Ich befehle dir: Lass ihn ziehen, damit er mir dienen kann. Wenn du dich aber weigerst ihn ziehen zu lassen, werde ich deinen erstgeborenen Sohn töten!‹« (2. Mose 4,22f).

Nachdem Israel Ägypten verlassen hat, sprach Gott wieder zu Mose: »Alle erstgeborenen Söhne der Israeliten und jedes erstgeborene männliche Tier (...) gehören mir!« (2. Mose 13,1). Aus dieser und noch einer anderen Stelle in der Schrift, wo Mose israelitische junge Männer auffordert, Gott Brand- und Dankopfer darzubringen, schließen die Juden, dass die Erstgeborenen ursprünglich für den Priesterdienst vorgesehen waren (2. Mose 24,5). Erst später bestimmte Gott die Leviten für diesen Dienst: »Ich habe die Leviten aus der Mitte der Israeliten anstelle aller ihrer erstgeborenen Söhne ausgewählt. Die Leviten sind mein Eigentum, weil alle erstgeborenen Söhne mir gehören« (4. Mose 3,12). Jüdische Schriftausleger führen diesen Sinneswandel Gottes auf das traurige Ereignis mit dem goldenen Kalb zurück, wo das Volk schändlich und zuchtlos handelte. Damals reagierten nur die Leviten auf die

Aufforderung des Mose: »›Alle, die auf der Seite des Herrn stehen, sollen zu mir herüberkommen!‹ Da kamen alle Leviten zu ihm« (2. Mose 32,26).

Zu Aaron spricht Gott: »Jede Erstgeburt vom Mensch und vom Tier, die dem Herrn dargebracht wird, gehört dir. Die Erstgeborenen der Menschen sollst du, genauso wie die Erstgeborenen der unreinen Tiere, stets loskaufen« (4. Mose 18,15). Deswegen soll jeder erstgeborene jüdische Sohn, der nicht von priesterlichem Geschlecht ist, ausgelöst werden. Das geschieht, indem der Vater des Kindes einem Priester Geld überreicht. Dies ist eine von den wenigen Funktionen, die ein Priester im Judentum heute noch hat. Die Rabbiner empfehlen dringend, sich an einen Priester mit ausgeprägter priesterlicher Familientradition zu wenden, denn nicht jeder, der den Nachnamen Cohen trägt, ist ein im Judentum anerkannter Priester. Rabbi Jeffrey W. Goldwasser sagt dazu: »Nach traditionellen jüdischen Regeln wird der Priesterstatus durch den Vater vererbt. Aber der religiöse Status, Jude zu sein, wird nur durch die Mutter vererbt. So kann ein Nichtjude zwar jüdisch werden. Aber niemand kann ein Priester, ein *Cohen* sein, ohne auch Jude zu sein. Es ist unmöglich, in das Priestertum hineinzukonvertieren.«

Wörtlich steht für »die Erstgeburt« der Ausdruck »was den Mutterschoß durchbricht«. Von diesem biblischen Ausdruck leiten jüdische Lehrer ab, dass sich das Gebot des *Pidjon Ben* nicht auf Jungen bezieht, die durch Kaiserschnitt auf die Welt kommen. Auch darf die Mutter vorher weder eine Fehlgeburt noch eine Abtreibung gehabt haben. Weil dieses Gebot ausschließlich auf die Mutter bezogen ist, sieht das heutige Judentum auch die Möglichkeit, dass es im Falle einer zweiten Ehe des Vaters relevant ist. Im Alten Testament ist die Erstgeburt auch auf den Vater bezogen – wenn Jakob beispielsweise vor seinem Tod Abschied von seinen Söhnen nimmt und sich an Ruben mit den Worten wendet: »Ruben, du bist mein erstgeborener Sohn. Meine Stärke habe ich zuerst gezeugt« (1. Mose 49,3). Die Encyclopedia Judaica, das renommierte Nachschlagewerk zu Fragen des Judentums, bemerkt: »Die israelitischen Könige lebten oft in Polygamie. Die relative Stellung der königlichen Frauen hatte Einfluss auf die Thronfolge. Das führte dazu, dass das deuteronomische Gesetz mehr einem Ideal entsprach als der Realität.«[6]

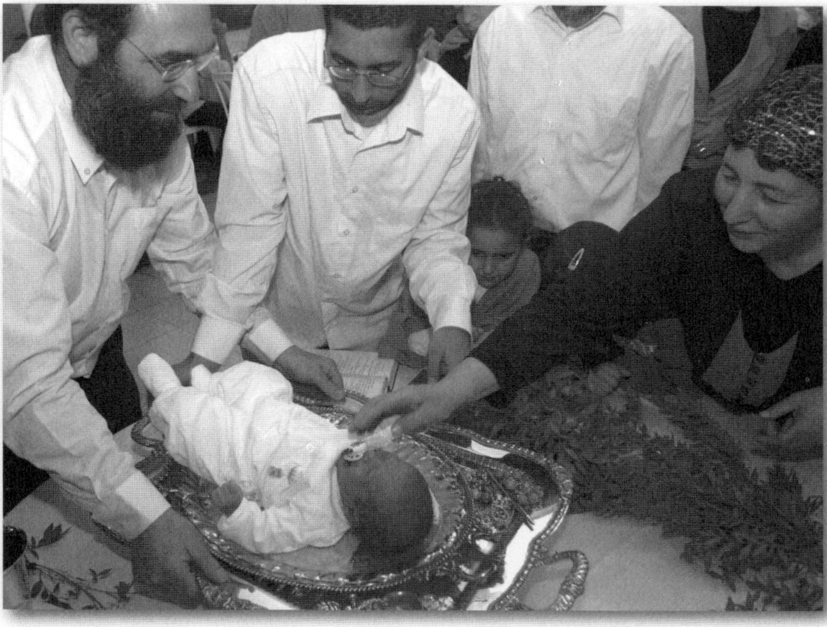

Die Auslösung des Erstgeborenen

In 4. Mose 18,16 lesen wir: »Sobald das Kind einen Monat alt ist, sollst du es loskaufen, und zwar für fünf Schekel Silber nach dem Gewicht des Heiligtums.« Deshalb findet die Zeremonie statt, wenn das Baby 31 Tage alt ist. Der Vater bringt den Erstgeborenen auf einem Tablett vor den Priester. Der stellt eine rhetorische Frage: »Was ist dir lieber, mir deinen Sohn zu geben oder ihn auszulösen?« Worauf der Vater selbstverständlich antwortet, dass er das Kind auslösen möchte. Daraufhin übergibt er bestimmte Münzen.

Das alles geschieht im Rahmen von Segnungen, die im jüdischen Gebetbuch, dem Siddur, aufgeführt sind. Die Familie lädt

Freunde und Verwandte zu einem Mahl ein. »Ich bin ein erstgeborener Sohn«, erzählt Dov Goldstein stolz. Für den Holocaustüberlebenden ist es etwas ganz Besonderes: »Mein Sohn wurde ausgelöst, auch mein Enkel und jetzt machen wir in vierter Generation *Pidjon Ben*.« Einer der wichtigsten jüdischen Segenssprüche ist in der Familie Goldstein zur Wirklichkeit geworden: »Gelobt seist du, Herr, unser Gott, König des Universums, der uns das Leben geschenkt, uns erhalten und bis hierher gebracht hat!«

Ein Volk, zerstreut und abgesondert

Am Purimfest, das in der Regel im März stattfindet, denkt das jüdische Volk an die Ereignisse, die im biblischen Buch Esther geschildert sind. Es ist eine Geschichte voll überraschender Wendungen. Viele Volksmärchen scheinen ihre Ideen aus der Bibel gewonnen zu haben. Esther, ein Waisenkind, wird zur Königin, nachdem ihre Vorgängerin, die wunderschöne Vaschti, durch Ungehorsam in Ungnade gefallen war. Alle Jungfrauen des Reiches werden versammelt, um dem mächtigen König Ahasveros zur Wahl zu stehen. Esther ist ein jüdisches Aschenputtel. Das aber war am Hof des persischen Königs Ahasveros, der »über 127 Provinzen, die von Indien bis nach Kusch reichten«, herrschte, nicht bekannt. Offenbar hatte niemand die Jungfrauen nach ihrer Nationalität gefragt.

Auch eine Verschwörung fehlt in dieser Geschichte nicht. Mordechai, der Onkel und Pflegevater der hübschen Esther, erfährt vom hinterhältigen Plan zweier Diener, den König umzubringen, und lässt das durch seine Nichte, die Königin, den Ahasveros wissen. Die potenziellen Attentäter werden gehängt, und alles »wurde im Buch der Geschichte von König Ahasveros' Herrschaft aufgezeichnet«. Bald danach bekommt der Fürst Haman eine sehr hohe Stellung. »Alle Mitarbeiter der königlichen Verwaltung mussten sich als Zeichen ihrer Ehrfurcht vor Haman verneigen und sich auf die Knie werfen; so hatte es der König befohlen. Mordechai aber wollte sich weder vor ihm verneigen noch sich vor ihm auf die Knie werfen.« Mordechais Begründung war einfach: »Ich bin ein Jude!« Er weiß, vor wem er seine Knie zu beugen hat.

Von da an stehen Haman und Mordechai als Kontrahenten einander gegenüber. Haman wird als »Agagiter« identifiziert. Er gehört zum judenfeindlichen Volk der Amalekiter. Mordechai ist nicht nur Jude, sondern gehört auch zum Stamm Benjamin und ist mit König Saul verwandt. Haman ist durch das Verhalten Mordechais furchtbar gekränkt. Sein Grimm ist groß: »Doch es genügte ihm nicht, nur Mordechai etwas anzutun. Da man ihn inzwischen auch über Modechais Volkszugehörigkeit unterrichtet hatte, plante er, alle Juden im ganzen Königreich von Ahasveros als Volk Mordechais zu vernichten.« Haman redet mit dem König und erklärt: »Es gibt ein Volk, das zerstreut und abgesondert unter den Völkern in allen Provinzen deines Reiches lebt. Das Gesetz dieses Volkes unterscheidet sich vom Gesetz aller anderen Völker.« Er bittet um die Erlaubnis, dieses Volk zu vernichten und um das dazu nötige Geld. Beides bekommt Haman und handelt danach schnell. Es werden Schreiben in alle Länder gesandt: »Alle Juden – Junge und Alte, auch Frauen und Kinder – sollten an einem einzigen Tag, nämlich am 13. Tag des zwölften Monats, dem Monat Adar, vernichtet, umgebracht und ausgerottet und ihr Besitz geplündert werden.«

Mordechai bittet Esther, beim König ein Wort für die Juden einzulegen. Doch der jungen Königin droht die Todesstrafe, wenn sie ungerufen vor den König tritt. Als sie zögert, lässt Mordechai sie wissen: »Glaub nicht, dass du als Einzige von allen Juden mit dem Leben davonkommst, weil du im königlichen Palast wohnst. Wenn du in dieser Lage wirklich schweigst, wird den Juden von anderer Seite Befreiung und Rettung zuteilwerden; du und deine Verwandten aber werden umkommen. Und wer weiß, ob du nicht für eine Situation wie diese zur Königin wurdest?« Esther versteht und hört auf ihren Onkel. Sie fordert ihr Volk auf, drei Tage lang zu fasten. Fasten und Beten sind die biblische Antwort auf drohende Katastrophen.

Nach drei Tagen fasst Esther Mut und tritt vor den König. Der ist von ihrer Erscheinung überwältigt, will ihr jeden Wunsch erfüllen, bis zur Hälfte seines Königreiches. Doch Esther hat nur einen Wunsch: Der König möge gemeinsam mit Haman zu einem Festmahl kommen. Obwohl Haman eine hohe Stellung innehat, reich ist, viele Söhne, eine Frau und Freunde hat, die ihn unterstützen, ist er unzufrieden. Der Hass auf Mordechai und das jüdische Volk treibt ihn um. Deshalb lässt er einen hohen Galgen errichten, an dem er Mordechai am Tag darauf hängen lassen will.

Ausgerechnet in der darauffolgenden Nacht kann der König nicht schlafen. Er lässt sich die Chroniken bringen und liest darin, wie ihn Mordechai vor der Verschwörung seiner Diener gewarnt hatte. Dafür will er Mordechai belohnen. Er lässt Haman rufen und fragt ihn: »Was kann ich für einen Mann tun, den ich belohnen möchte?« Haman geht davon aus, dass er selbst der Mann sei, den der König ehren will, fühlt sich geschmeichelt und schlägt vor, diesen Mann in königlichen Kleidern auf einem königlichen Ross durch einen Fürsten in der Stadt herumzuführen und vor ihm ausrufen lassen: »So ergeht es einem Mann, den der König belohnen will.« Dem König gefällt die Idee. Er beauftragt Haman, genau das mit Mordechai zu tun.

Als der König und sein Großwesir Haman dann zum zweiten Mal bei der Königin speisen, will Ahasveros ihr wieder einen Wunsch erfüllen. Esther bittet um ihr eigenes Leben und das Leben ihres Volkes, das Haman bedroht. Haman, der nicht wusste, dass seine Königin Jüdin ist, ist schockiert. Er fällt vor ihr nieder und bittet um Gnade. Doch König Ahasveros verurteilt ihn zum Tode: »Da hängten sie Haman an den Galgen, den er für Mordechai hatte aufrichten lassen.« Danach verleiht der König durch Esther und Mordechai dem jüdischen Volk in allen Ländern das Recht auf Selbstverteidigung. Das löst große Freude und Erleichterung unter den Juden aus. »Viele Einwohner des Landes schlossen sich ihnen an, weil sie Furcht vor den Juden überfallen hatte.« Mordechai wird »groß am Hof des Königs«. Die Feinde der Juden werden getötet, darunter auch die zehn Söhne Hamans. »Mordechai schrieb diese Ereignisse auf und schickte allen Juden nah und fern, in allen Provinzen des Königs Ahasveros, Briefe, in denen er sie dazu verpflichtete, jedes Jahr an diesen beiden Tagen ein Fest zu feiern. Er ordnete an, die beiden Tage mit einem Freudenfest zu begehen und sich bei dieser Gelegenheit zu beschenken und auch den Armen Geschenke zu machen. Die Juden sollten die beiden Tage genauso feiern wie die Tage, an denen sie Ruhe vor ihren Feinden hatten und wie den Monat, in dem sich ihre Sorge in Freude und ihre Trauer in einen Festtag verwandelt hatten (…) Aufgrund von Mordechais Brief und der Erfahrungen mit den Ereignissen, die sie getroffen hatten, führten die Juden diesen Brauch für sich, ihre Nachkommen und alle, die sich ihnen anschlossen, ein.«

Dieses Fest wird vom jüdischen Volk bis heute gehalten. Die Bezeichnung *Purim* kommt von dem *Pur* (Los), das Haman geworfen hatte, um den passenden Tag für die Vernichtung des jüdischen Volkes zu finden. Das Los hatte er im Monat Nisan, dem ersten Monat des biblischen Kalenders, geworfen. Es fiel auf den letzten Monat des Jahres. Am Ende des Jahres also, als das Unheil kommen sollte, kam entgegen aller Erwartung die Errettung.

Das Buch Esther ist für Juden nach wie vor hochaktuell. Immer wieder war im Laufe der Geschichte der Ruf »Tötet die Juden!« zu hören. Nach wie vor warten und glauben viele Juden, dass die Errettung am Ende »des Jahres« der Geschichte kommt.

Wie alle jüdischen Feste beginnt Purim am Vorabend des eigentlichen Festtages. Dann wird das Buch Esther vorgelesen. Am Tag vor Purim wird gefastet, um an das Fasten Esthers zu erinnern und ihrem Ruf zu folgen. Dieses Fasten wird *Ta'anit Esther* genannt. Sollte der Vorabend des Purimfestes auf einen Sabbat fallen, wird *Ta'anit Esther* auf den vorhergehenden Donnerstag vorverlegt.

Es ist Brauch, sich an diesem Tag zu verkleiden, was vor allem Kindern – aber nicht nur ihnen – viel Spaß macht. Orthodoxe Juden erklären das Verkleiden folgendermaßen: Gott selbst wird im ganzen Buch Esther nicht genannt. Er handelt hinter den Kulissen, unsichtbar, wie jemand, der eine Maske trägt. Das soll durch die Purimkostüme zum Ausdruck kommen, die heute freilich nur selten mit der biblischen Geschichte zu tun haben. Am ehesten ist es möglich, unter den vielen Spidermans, Schneewittchen, Käfern, scheußlichen Skeletten noch eine Königin Esther, das biblische Aschenputtel, zu finden.

Zum Vortrag des Buches Esther in der Synagoge kommen Kinder verkleidet. Sie bringen Rasseln und kleine Pistolen mit, um jedes Mal, wenn der Name »Haman« fällt, einen ohrenbetäubenden Lärm zu veranstalten. Eine andere Sitte aus dem Talmud ist, sich an Purim zu betrinken, bis man nicht mehr unterscheiden kann zwischen »Verflucht sei Haman« und »Gesegnet sei Mordechai«. So kann man während des Purimfestes nicht nur verkleidete Menschen antreffen, sondern auch betrunkene orthodoxe Juden – was sonst so gut wie nie vorkommt.

Schüler in Israel haben an Purim Ferien. Am letzen Schultag davor gehen sie verkleidet zur Schule und in den Kindergarten. Aus öffentlichen Lautsprechern tönen freudige Lieder. Man schenkt sich gegenseitig Körbchen mit Süßigkeiten, in denen auch »Hamans Ohren«, gefüllte Teigtaschen, nicht fehlen dürfen. Für die Armen werden in den Wochen vor Purim Lebensmittel gesammelt. So ist Purim ein fröhliches Fest und es ist erstaunlich, wie sich das jüdische Volk allen Schwierigkeiten, Bedrohungen und tragischen Ereignissen zum Trotz, immer wieder freuen kann.

Eine unliturgische Weihnachts-meditation

Im jüdischen Land feiert man die jüdischen Feste. Weihnachten gehört definitiv nicht dazu. In Israel herrscht keine weihnachtliche Atmosphäre, es wird kein besonderer Hausputz gemacht und es werden keine Plätzchen gebacken. Wenn Weihnachten und *Chanukka* zusammenfallen, haben auch die israelischen Kinder »Weihnachtsferien«. Sonst sind die Weihnachtstage ganz gewöhnliche Arbeits- und Schultage. Juden, die aus der Diaspora in Amerika und Europa nach Israel zurückgekehrt sind, sind ganz froh darüber. Endlich sind sie den christlichen Druck aus ihrer Umgebung los. Sie haben an ihren eigenen Festtagen frei und sind nicht gezwungen, ihren Kindern zu erklären, warum »der bärtige Rabbi«, »Father Christmas«, nur Kindern aus christlichen Familien Geschenke bringt.

In Jerusalem feiern verschiedene kirchliche Gemeinden ihre Weihnachtsgottesdienste. Ein orthodox-jüdischer Freund hat uns vor ein paar Jahren überredet, mit ihm zusammen einen Weihnachtsgottesdienst zu besuchen. Zu später Stunde am Heiligabend gab es in der Jerusalemer Altstadt zwei Gottesdienste: Der eine fand auf Englisch in der anglikanischen Christ Church statt, der andere auf Deutsch in der evangelisch-lutherischen Erlöserkirche. Die Christ Church war aber gerade im Umbau. Unser Freund steckte nur kurz seine Nase in den Gemeindesaal, wo sich die Gläubigen versammelt hatten, um dann dieselbe zu rümpfen: »Das ist keine Kirche.« Als wir dann wenige Minuten später an der Eingangstür der evangelischen Kirche ankamen, stand davor eine Schlange von Israelis und die Kirche war wegen Überfüllung – durch vor allem israelische Neugierige – geschlossen.

Der Torhüter, offensichtlich ein arabischer Christ, ließ immer wieder kleine Gruppen hinein, wenn einige Besucher das Gebäude verlassen hatten. Als wir uns endlich auch hineingedrängt hatten, gelang es uns sogar, ganz hinten einen Sitzplatz zu ergattern. Um uns herum saßen lauter Israelis, die sich unterhielten und genüsslich über die Schönheit der »Stillen Nacht« und anderer Weihnachtslieder seufzten, die der Kirchenchor tapfer in das allgemeine Durcheinander hineinsang. Es war schwer, sich auf die auf Deutsch, Englisch und Hebräisch vorgelesenen Texte aus den Evangelien zu konzentrieren. Um die Bänke herum drängten sich Menschen, die keinerlei Ahnung davon hatten, was liturgische Stille bedeutet. Schließlich gaben wir auf. Am Ausgang verteilten Gemeindeglieder das Johannesevangelium auf Hebräisch.

Auf dem Weg durch die sonst um diese Zeit menschenleere arabische Altstadt trafen wir immer wieder auf Israelis, die ihre Erfahrungen austauschten: »Nirgends ist was los, nur bei dem ›Redeemer‹«. Israelis waren scharenweise auf der Suche nach etwas – oder gar auf der Suche nach jemandem?

Schnee! Schnee! Schnee!

Als Kind habe ich mich immer auf den ersten Schnee gefreut. Mir ist unvergesslich, wie wir als Studentinnen von der Prager Burg über die Kleine Seite und dann über die Karlsbrücke durch den Schnee wateten. Die Stille, die weiße Schönheit, die sich über den grauen Schmutz der Großstadt deckte und ihr einen besonderen Glanz verlieh.

Seither ist viel Zeit vergangen. Vieles hat sich verändert. Ich lebe in Israel und mir bleibt nichts anderes übrig als eine »tüchtige Hausfrau« zu sein. So hat Martin Luther die »mutige Frau« aus Sprüche 31 genannt. Ich fürchte mich nicht, mit dem Bus zu fahren und meine Kinder Bus fahren zu lassen, obwohl in der Zeit, seit wir als Familie hier leben, einige Busse explodiert sind. Ich fürchte mich nicht, wenn mein Mann unter gefährlichen Umständen unterwegs ist. Auch »fürchte ich für die meinen nicht den Schnee; denn mein ganzes Haus hat wollene Kleider«: »Mama, ich brauch einen warmen Anorak!« »Mama, wo sind die blauen Handschuhe?« »Meinst du die, die du vor sechs Jahren bekommen hast und die jetzt deine kleine Schwester trägt?«

Bei uns in Jerusalem schneit es alle drei oder vier Jahre einmal. Für so einen Fall habe ich in einem Karton auf dem Schrank Thermohosen, alte Anoräke, Schals und Handschuhe. Wenn der Schnee kommt, ist er sehr nass und schwer. Mehrmals täglich sind dann durchnässte und verfrorene Kinder umzuziehen. Auf engstem Raum werden Kleider und Schuhe getrocknet. Nur sehr wenig erinnert an die vergangene Prager Romantik. Ich weiß aber noch, wie wunderbar es war, im Schnee herumzutoben und ich freue mich mit meinen Kindern umso mehr, weil ich weiß, dass Schnee für die Kleinen eine Erhörung jahrelanger Gebete ist. Spätestens in zwei Tagen ist die Sonne wieder da. Sie wird selbst die nassesten Schuhe der Welt wunderbar austrocknen.

Wenn Schnee erwartet wird, bricht in Jerusalem Freude und Panik aus. Die Menschen decken sich mit Vorräten für »den harten Winter« ein. Die Medien kündigen einen Stromnotdienst an, für den Fall eines massiven Stromausfalls. Das darf nicht verwundern, denn die meisten Häuser sind undicht und von den Decken tropft Wasser, manchmal auch aus Stromleitungen.

Die eingemummte Reporterin, die gewöhnlich im Studio ihren Wetterbericht abgibt, verkündet in der frostigen Jerusalemer Luft eine freudige Nachricht: In Jerusalem und den umliegenden Ortschaften, auf den Golanhöhen und in Galiläa, überall im Landesinnern, auf allen Anhöhen über siebenhundert Meter Höhe fällt der Schulunterricht aus, denn es werden 15 Zentimeter Schnee erwartet! Schulen und Kindergärten bleiben geschlossen. Auf den schneebedeckten Straßen dürfen theoretisch nur noch vierradgetriebene Fahrzeuge verkehren.

So bekommen die Kinder Ferien und manch Erwachsener legt die Nachrichten als Aufforderung zum Urlaub nehmen aus. Gewissenhafte Menschen, die sich entschieden haben mit dem Bus zur Arbeit zu fahren, können in eine unangenehme Situation kommen, falls sich auch der Busfahrer für Urlaub entschieden haben sollte, um mit seinen Kindern im nahe gelegenen Park einen Schneemann zu bauen. Nur die Bahn funktioniert und befördert die neugierigen Tel Aviver vom Ufer des Mittelmeeres in das verschneite Jerusalem.

Schlitten gibt es in Jerusalem nicht. So rutschen die Jerusalemer auf Plastikbeuteln oder anderen mehr oder weniger geeigneten Gegenständen durch den Schnee. An genau so einem verschneiten Tag, der aber weit in der Vergangenheit liegt, stieg Benaja in eine Zisterne hinab und erschlug einen Löwen. Seine Heldentat gewann durch die schweren Wetterbedingungen an Bedeutung und wird gleich an zwei Stellen in der Bibel berichtet (2. Samuel 23,20; 1. Chronik 11,22).

»Ist es nicht lustig, dass unsere Kinder von einer grimmigen Kälte reden?«, bemerkt eine jüdische Nachbarin aus Nebraska.

In den Fernsehnachrichten werden Bilder von der verschneiten Negev-Wüste übertragen. Die Reporter entdeckten auch Kabbalisten, jüdische Mystiker, die sich als Zeichen der Buße und Sündenvergebung nackt im Schnee wälzten. »Selbst wenn eure Sünden scharlachrot sind, sollen sie schneeweiß werden. Eure Sünden mögen blutrot sein, doch sie sollen werden wie Wolle«, hatte einst der Prophet Jesaja verkündet (Jesaja 1,18). Wie bin ich froh und meinem Erlöser dankbar, dass ich mich nicht nackt im Schnee wälzen muss!

Araber beim Schneemannbauen auf dem traditionellen »Berg des Bösen Rats«, auf dem heute das UNO-Hauptquartier steht

Wie religiös sind die Juden in Israel?

»Wie fromm sind die israelischen Juden eigentlich?«, wird häufig gefragt. Tatsächlich ist das eine nur schwer zu beantwortende Frage. Das israelische Zentralamt für Statistik veröffentlichte im September 2010 die Ergebnisse einer Sozialumfrage, die Antwort darauf geben soll, wie genau die jüdische Bevölkerung in Israel jüdische Traditionen beachtet und welche Veränderungen im religiösen Verhalten der israelischen Juden festgestellt werden können. Die Umfrage wurde im Jahr 2009 unter israelischen Juden durchgeführt, die älter als zwanzig Jahre waren.

72 Prozent gaben an, im vorangegangenen Jahr eine Synagoge besucht zu haben. Ein Viertel derer, die sich als säkular bezeichnen, hatten zu *Rosch HaSchanah* oder zu *Jom Kippur* die Synagoge besucht. Mehr als 80 Prozent aller israelischen Juden beteiligen sich *immer* am Sederabend, zwei Drittel zünden am Chanukkafest *immer* die Kerzen an und ein Drittel zünden *immer* am Freitagabend, zum Sabbatbeginn, die Kerzen an.

21 Prozent der Befragten gaben an, religiöser geworden zu sein. Fünf Prozent der israelischen Juden bezeichnen sich als *Chosrim BaTschuva*, als solche, die zum jüdischen Glauben zurückgekehrt sind – was immerhin ein Fünftel aller Ultraorthodoxen von sich bekennen. So bezeichneten sich acht Prozent als »ultraorthodox«, zwölf Prozent als »religiös«, dreizehn Prozent als »traditionell religiös«, ein Viertel aller Befragten als »traditionell, aber nicht ganz so religiös« und 42 Prozent als »säkular«.

Auf die Frage, wie sehr sie es mit der jüdischen Tradition hielten, antworteten 25 Prozent, dass sie es damit »sehr ernst« nähmen und nur sechs Prozent gaben an, die jüdische Tradition »überhaupt nicht« zu beachten. 86 Prozent derer, die sich selbst als »säkular« bezeichnen, halten sich in irgendeiner Weise an die jüdischen Gesetze. Nur 14 Prozent der ungläubigen israelischen Juden wollen davon »überhaupt nichts« wissen.

Mit all diesen Aussagen zeigen die israelischen Statistiker, wie viele ihrer jüdischen Landsleute eine Jarmulke auf dem Kopf haben – doch sie verlieren kein Wort über diejenigen, die jede jüdische Tradition als verknöchert ablehnen, dabei aber fleißig die Bibel lesen, sie für Gottes Wort halten und ihr tägliches Leben sogar danach ausrichten, was sie in der Bibel gelesen haben, auch wenn das formell kein Befolgen jüdischer Traditionen ist. Dieser Art von »Säkularen« begegnet man übrigens im Staat Israel nicht selten. Bemerkenswert ist auch, dass viele jüdische Kriminelle, wenn sie vor Gericht erscheinen, plötzlich eine Kippa tragen, also in irgendeiner Weise jüdische Traditionen befolgen – auch wenn sie offensichtlich kaum Reue für die Taten, derer sie angeklagt sind, an den Tag legen.

Was also hilft uns diese Statistik zur Beantwortung der Frage, wie fromm die Juden Israels tatsächlich sind? – Nichts oder zumindest nicht viel.

Die Sprache der Bibel im Alltag

In einem Bekleidungsgeschäft hat eine Kundin offensichtlich nicht gefunden, was sie braucht. Auf ihre Frage, wann die Ware denn wieder geliefert werde, antwortet der junge Verkäufer: »Das weiß Gott!« Als Bestätigung dafür, dass seine Antwort ernst gemeint und nicht nur so dahergesagt ist, fügt er hinzu: »Nur Gott hat die Lösung für alle Probleme. – Wisst ihr, wer das gesagt hat?«, fragt er nun alle Anwesenden. »Das war doch der gerechte Josef«, antwortet der schwarzhaarige junge Mann, »als Pharao ihn nach der Deutung seines Traumes fragte, da hat er geantwortet: Die Lösungen sind bei Gott!« Unklar bleibt mir der Zusammenhang von Pharaos Träumen mit der Warenlieferung. Aber dass die Bibel so eng mit der Umgangssprache im Alltag der Israelis verbunden ist, auch wenn diese nicht gerade fromm sind, ist typisch.

Wir wohnen in einem Reihenhaus. Eine Terrasse liegt neben der anderen und so werden wir Zeuge der Gespräche unserer Nachbarn, ob wir das wollen oder nicht. Hinzu kommt, dass sich in Israel viel mehr draußen abspielt und die Israelis auch lauter sind, als wir Europäer. So muss ich mir mit anhören, wie meine Nachbarin ihren Sohn um einen Eimer Wasser bittet. Als ihr das zu lange dauert, klagt sie unüberhörbar: »Habe ich dich denn gebeten, die Tora vom Sinai zu holen!?«

Immer wieder hörte ich den Spruch von der »Schrift an der Wand«. Aber erst bei einer Radiosendung über den Iran verstand ich auf einmal, dass damit die Schreiberhand aus dem Buch Daniel gemeint ist, die das geheimnisvolle »Mene mene tekel u-parsin« an die Wand schreibt. »Die Perser sind hinter dir her«, erklärte jemand, dem schon lange klar war, dass »die Schrift seit Jahren an der Wand« steht.

In jedem Frühjahr findet in Auschwitz der Marsch der Lebendigen statt. Tausende jüdische Jugendliche aus allen Teilen der

Welt nehmen teil – und auch einige nichtjüdische Gruppen aus verschiedenen Ländern. Vor ein paar Jahren war auch die damalige Erziehungsministerin Limor Livnat mit dabei.

An dem Ort, an dem eine Million jüdischer Menschen grausam ermordet wurden, zitierte Livnat vor einer großen Versammlung den Propheten Hesekiel: »Der Geist des Herrn führte mich hinaus und trug mich in ein Tal, das mit Totengebeinen angefüllt war. (...) Sehr viele Knochen bedeckten dort den Boden des Tals, und sie waren völlig vertrocknet. (...) Ihr gebleichten Knochen, hört das Wort des Herrn! So spricht Gott, der Herr, zu diesen Knochen: Seht! Ich werde euch Atem einhauchen und euch wieder lebendig machen! Ich gebe euch Sehnen, lasse Fleisch an euch wachsen und überziehe euch mit Haut. Ich hauche euch Atem ein und mache euch wieder lebendig. Dann werdet ihr erkennen, dass ich der Herr bin.« – Dann fügte die Bildungsministerin des modernen Staates Israel überzeugt hinzu: »Und diese Gebeine, die aus der Asche kamen und lebendig wurden, das sind wir!«

Nur Gott hat die Lösung für alles. Seine Antwort auf die Pläne und Absichten »des nationalsozialistischen Hitler, des bolschewistischen Stalin und des persischen Ahmadinedschad«, proklamierte der israelische Staatspräsident Schimon Peres, ist ein Marsch der Lebenden – oder auch ein ganz einfacher Verkäufer im Zentrum Jerusalems.

»Jude« oder »jude«

Jüdisches Selbstverständnis als Gegenstand der tschechischen Grammatik.

Wenn ich auf Deutsch über Israel und das Judentum schreibe, muss ich mir nicht überlegen, ob ich »Jude« oder »jude« schreibe. Wir Tschechen aber schreiben nicht jedes Substantiv mit großem Anfangsbuchstaben. Im Gegenteil, wir gehen mit Großbuchstaben sehr sparsam um. Deswegen haben wir eine grammatikalische Regel entwickelt, die sehr einfach klingt: Das Wort »Jude« schreiben wir mit einem großen Buchstaben, wenn es um die nationale Zugehörigkeit geht, die auch als ethnische oder historische Zugehörigkeit definiert werden kann. Geht es um die Religion, schreiben wir »jude« mit kleinem Anfangsbuchstaben.

Wenn sich also ein tschechischer Kopf überlegt, ob ein »jude« (im religiösen Sinne) aufgehört hat, ein »Jude« (im nationalen Sinne) zu sein, hört man beispielsweise von Juden, die heute in Tschechien leben: »Wir sind die Juden mit kleinem Anfangsbuchstaben.« Sie halten sich nämlich für jüdische Tschechen. Im christlich-jüdischen Dialog sind sie als »juden« die Gesprächspartner der tschechischen Christen.

Wenn ihr religiöses Empfinden wächst, bezeichnen sie sich im säkularen Umfeld der Tschechischen Republik als tschechische »juden«. Sollte dann aber – vielleicht als Folge des religiösen Erwachens – das nationale Bewusstsein zunehmen und Gedanken an eine Auswanderung nach Israel wach werden, wird das kleine »j« am Anfang des Wortes immer größer. Sobald sich ein Mensch als Zugehöriger der jüdischen Nation versteht, muss die tschechische Rechtschreibung ihn als »Juden« schreiben.

Die hebräische Sprache unterscheidet nicht zwischen Klein- und Großbuchstaben und kennt deshalb dieses grammatikalische Problem auch nicht. Je näher wir aber die jüdische Denkweise kennenlernen, desto klarer wird, dass die tschechische Rechtschreibung ein echtes Problem erfasst hatte. Nach Überzeugung der meisten Juden – nicht nur der religiösen! – hört ein Jude nämlich auf, ein Jude zu sein, wenn er an Jesus Christus glaubt. Ein Jude, der Jesus als Messias Israels anerkennt, wird »Christ«. Dementsprechend entscheidet auch das israelische Innenministerium, wenn es um Einwanderungsrechte geht. Und deswegen sind Mischehen in Israel so problematisch. Verliert ein Jude durch Assimilierung nun die Zugehörigkeit zu seiner Religion oder gar die Zugehörigkeit zu seiner Nation?

In der Ben Yehuda-Fußgängerzone in Jerusalem

Die überwiegende Mehrheit messianischer Juden ist damit übrigens nicht einverstanden. Sie halten sich nicht für »Christen« und würden sich auch nie selbst als »Christen« bezeichnen. Sie sind überzeugt, dass ihr Glaube an *Jeschua HaMaschiach* an ihrem »Judensein« nichts ändert. Sie bleiben »Juden« als Angehörige ihres Volkes. Sie feiern mit ihrem Volk als »juden« die jüdischen

Feste und halten sich an jüdische Traditionen, sodass sie etwa ihre Söhne beschneiden.

Zu den bedeutenden Ausnahmen, die diese Regel bestätigen, gehörte der jüdisch-katholische Kardinal Jean-Marie Lustiger. Er verstand sein Christentum als Erfüllung seiner jüdischen Identität. Radio Vatikan zitierte den verstorbenen Kardinal: »Ich bin gebürtiger Jude und werde es auch bleiben – auch wenn das für viele nicht annehmbar ist. Die Berufung des hebräischen Volkes besteht darin, den Nichtjuden ein Licht zu bringen. Ich glaube, dass das Christentum ein Mittel zum Erreichen dieses Zieles ist.«

Die Frage, ob man »JUDE« am Anfang mit Klein- oder Großbuchstaben schreibt, ist also eigentlich eine theologische Frage; denn was macht einen Juden tatsächlich zum Juden? Ist es die biologische Herkunft – oder seine Glaubensüberzeugung und eine damit zusammenhängende Lebensweise? Ist es überhaupt möglich, das eine vom andern zu trennen? Im Deutschen können Sie diese Frage einfach beiseiteschieben. Wenn ich aber auf Tschechisch schreibe, muss ich sie jedes Mal beantworten, wenn ich von »den Juden« – oder: »den juden«? – schreibe.

Magen David – der Davidstern

Im Unterschied zum siebenarmigen Leuchter, dem Staatswappen Israels, ist der sechszackige Stern kein biblisches Zeichen. Erst im Laufe der Geschichte ist der sogenannte Davidstern zu einem jüdischen Zeichen geworden. Ursprünglich war er es nicht, darin sind sich die jüdischen Quellen einig.

Über die Aufnahme des Sterns in die Fahne des Staates Israel wurde kontrovers diskutiert. Die Instruktionen des vorläufigen Rates des Staates Israel vom 28. Oktober 1948 beschreiben, wie die Fahne auszusehen habe. In der Detailliertheit ihrer Anweisungen stehen sie den biblischen Anweisungen zur Herstellung der Tempelgeräte, darunter die *Menora*, in nichts nach: »Die Fahne des Staates Israel ist 220 cm lang und 160 cm breit. Der Hintergrund ist weiß, darauf befinden sich zwei himmelblaue 25 cm breite Streifen über die ganze Breite der Fahne, 15 cm vom oberen und 15 cm vom unteren Rand entfernt. Weiterhin befindet sich auf dem weißen Hintergrund zwischen den beiden himmelblauen Streifen und in gleicher Entfernung von beiden Streifen der Davidstern, aus sechs himmelblauen Streifen, 5,5 cm breit, die zwei Dreiecke bilden und deren Basis parallel mit den horizontalen Streifen verläuft.«[7]

Professor Gershom Scholem, Experte auf dem Gebiet der jüdischen Mystik und Mitgründer der Hebräischen Universität in Jerusalem, hat sich ausführlich mit dem Symbol des Davidsternes befasst. Kurz nachdem entschieden worden war, dass der sechszackige Stern auf der Nationalflagge Israels erscheinen werde, veröffentlichte er einen Artikel. Darin schreibt er: »Das Hexagramm ist kein jüdisches Symbol, und schon gar nicht ›das Symbol des Judentums.‹«[8] Diese Aussage wird noch durch die Tatsache unterstrichen, dass Simon Philip de Vries in seinem Buch »Jüdische Riten und Symbole« den Davidstern überhaupt nicht erwähnt.

Der holländisch-jüdische Gelehrte und Rabbiner wurde 1944 im Konzentrationslager Bergen-Belsen ermordet.

Wie der fünfzackige Stern, das Pentagramm, wurde auch das Hexagramm, als Dekoration in vielen Teilen der Welt benutzt, sei es in Peru, Ägypten, China oder Japan. Als Dekoration eines jüdischen Objekts ist dieses Symbol erstmals auf einem Siegel von Josua ben Assajahu um etwa 600 vor Christus nachgewiesen. Im zweiten oder dritten Jahrhundert unserer Zeitrechnung taucht das Hexagramm dann auf einem Fries der Synagoge in Kapernaum auf, neben Granatäpfeln und Trauben. Auch in christlichen Kirchen wurde der sechszackige Stern als Dekoration verwendet. Ein wunderschönes Beispiel ist ein marmorner Bischofssitz aus dem 13. Jahrhundert in der Kathedrale von Anagni in Italien.

»Davidstern« auf einem antiken Stein in der Synagoge von Kapernaum

Ganz unterschiedliche Gruppen haben dem Pentagramm und dem Hexagramm mystische oder gar magische Kräfte zugeschrieben.

»Auf diesem Gebiet bestand stets eine starke Wechselwirkung zwischen Juden und Nichtjuden, denn nichts ist internationaler als die Magie. Magische Zeichen und Figuren wandern von einem Volk zum anderen«[9], schreibt Gershom Scholem. In einer anderen Studie mit dem Titel »Jüdische Magie und Aberglaube« zitiert Josua Trachtenberg den jüdischen Komponisten Karl Goldmark: »Zivilisierte Menschen verlieren schnell ihre Religion, aber selten ihren Aberglauben.«[10] Trachtenberg schreibt, dass schon die Pythagoräer dem sechs- und fünfzackigen Stern starke mystische Wirkung zugeschrieben hätten. Sie wurden auf hinduistischen Talismanen entdeckt. Später erschienen sie auf arabischen Amuletten und magischen christlichen Texten aus dem Mittelalter. Auch die Alchimisten haben das Symbol gerne gebraucht. Ein Dreieck symbolisierte das Wasser, das andere Feuer.

In arabischen Quellen sind beide Sterne mit anderen orientalischen Ornamenten unter der Bezeichnung »Siegel Salomos« erschienen. Das hängt wahrscheinlich mit einer uralten Legende über Salomos Herrschaft über die Geister zusammen. Darin wird ein Siegelring erwähnt, auf dem ursprünglich nicht ein magisches Zeichen, sondern der Name Gottes stand. Die Kraft dieses Ringes wird in einem griechisch geschriebenen Pseudoepigraf beschrieben, dem Gesetz Salomos, den Professor Scholem als jüdisch-christliche Magie bezeichnet. Ob der Name Siegel Salomos ursprünglich von Juden oder Christen stammt, von denen ihn die Araber dann übernommen haben, lässt sich nicht mehr feststellen.

Der Begriff »Schild Davids«, hebräisch *Magen David*, existiert in alten jüdischen Handschriften, allerdings ohne Verbindung zu einem geometrischen Zeichen. Die legendäre Wirkung des Schildes von König David wird in der Erklärung einer geheimen Sternenschrift beschrieben und zwar im Zusammenhang mit einem Buchstaben, der wie ein »V« mit einem Ring an jedem Ende aussieht. Seit dem 13. Jahrhundert erscheint dann der Name »Schild Davids« anstelle der Bezeichnung »Siegel Salomos« für das Hexagramm in jüdischen Schriften der Kabbalisten und in Sammlungen magischer Vorschriften und Amuletten, die gegen den bösen Blick, böse Geister, Schwert und Gefängnis schützen sollten.

In der Mitte der Dreiecke des Sternes stand oft der Name Gottes, begleitet von Engelnamen. Als zusätzlicher Schutz wurden solche Zeichen mit Engelnamen am Rande der Texte von Mesusot geschrieben. Gegen das Schreiben in den Text selbst wendet sich der jüdische Gelehrte Maimonides. Er kritisiert die Volkspraxis, aus der Verkündigung des Gottesnamens ein Amulett zu machen. In der christlichen Gesellschaft diente der fünfzackige Stern in Deutschland als sogenannter Drudenfuß als magisches Zeichen. Er diente als Schutz vor Stalleingängen und Babykrippen.

Auf den Amuletten des Rabbi Jonathan Eibenschütz aus Hamburg befindet sich als einziges Symbol der sechszackige Stern, in dessen Mitte geschrieben steht »Siegel«, »Siegel des Gottes Israels« oder »Siegel MBD«. Seine Kritiker legten die Abkürzung als »Siegel des Messias Ben David« aus und beschuldigten ihn, ein Nachfolger von Schabthai Zwi aus Smyrna zu sein, einer sehr kontroversen messianischen Figur des Judentums im 17. Jahrhundert. So bekam das Hexagramm eine messianische Bedeutung.

Eine besondere Rolle spielte der Stern in der Geschichte des böhmischen Judentums. Im Jahre 1357 verlieh Kaiser Karl IV. den Juden in Prag das Privileg einer eigenen Fahne. Möglicherweise schenkte er ihnen sogar die Fahne selbst, auf der das Symbol des Davidsterns abgebildet war. Seither sollen die Prager Juden diese Fahne als Symbol der jüdischen Gemeinde benutzt und ihre Herrscher, wenn diese Prag besuchten, am Tore des Gettos damit begrüßt haben. Sie waren direkte Untertanen des Herrschers, durften nur in bestimmten Stadtteilen wohnen und wurden im Laufe der Geschichte immer wieder aus Prag und anderen Teilen Böhmens vertrieben. Aus dem Jahre 1598 ist eine gnädige Erlaubnis von Kaiser Rudolf II. an den Juden Mordechai Meisel erhalten, in der Neuen Synagoge ein Duplikat dieser jüdischen Fahne auszustellen.

Der Davidstern ist auf einem der ältesten jüdischen Bücher abgebildet, das in Prag 1512 gedruckt wurde. In einem anderen Buch, 1540 in Prag gedruckt, hält ein Cherub das Davidsschild. Ein Hexagramm befindet sich auch zusammen mit einer Gans am Grabstein des jüdischen Prager Gelehrten David Gans. Kurz vor seinem Tod 1612 veröffentlichte er ein Buch mit dem Titel »Das Davidsschild«. Etwa ab dem Jahre 1600 erscheint das Zeichen auf Siegeln von jüdischen Vereinen, Privatpersonen und in Synagogen. Auf dem Turm des jüdischen Rathauses in Prag befindet sich der Davidstern mit einem Hut in der Mitte. Der Überlieferung zufolge soll dies ein Schwedenhut sein, als Erinnerung an die Hilfe der Prager Juden im Dreißigjährigen Krieg bei der Verteidigung von Prag gegen die Schweden.

Ausgehend von Prag verbreitete sich der Stern als Symbol der jüdischen Gemeinde in weitere Teile Europas. In Wien blieb ein Grenzstein zwischen dem jüdischen und dem christlichen Viertel erhalten, auf dem sich zum ersten Mal die zwei Zeichen – Kreuz und Davidstern – gegenüberstehen. Auf einem Farbstich der Altneusynagoge in Prag, den Vilem Kandler im Jahre 1840 hergestellt hat, ist auf der jüdischen Fahne ein fünfzackiger Stern zu sehen. Offensichtlich hat sich die Bezeichnung »Davidsschild« für den sechszackigen Stern erst im 19. Jahrhundert konsolidiert. Dazu schreibt Gershom Scholem: »Gerade in den Tagen seiner größten Verbreitung im 19. Jahrhunderte diente das Davidsschild als sinnleeres Symbol eines Judentums, das selber mehr und mehr der Sinnlosigkeit verfiel.«[11]

1897 hat die zionistische Bewegung das Schild Davids in ihre Fahne aufgenommen, deren Vorlage der jüdische Gebetsschal war. Angeblich soll den Zionisten am Hexagramm gefallen haben, dass es ein Symbol des Judentums war, das keine religiösen Assoziationen weckte. Dieser Annahme widerspricht allerdings, dass sie sich ausgerechnet den Gebetsschal als Vorbild für die Flagge wählten. Außerdem spielte der Davidstern gerade in der Volksreligion eine Rolle, auch wenn es sich dabei weniger um Glauben als um

Aberglauben handelte. Es scheint allgemein menschlich zu sein, anstelle der Kraft Gottes, die sich nach Aussage der Bibel im Leben Davids offenbart hat, lieber die magische Wirkung seines Schildes zu sehen. Aber das Davidsschild hat jüdische Menschen, die bei seinem Anblick einen Schutz wähnten, mehr als einmal im Stich gelassen.

Im finstersten Kapitel ihrer Geschichte wurden die Juden, die nach Meinung Hitlers für die Vernichtung bestimmt waren, mit dem sechszackigen Stern gekennzeichnet. Polen, das 1939 als erstes Land von der deutschen Wehrmacht besetzt wurde, diente als Testgebiet. Am 18. Oktober 1939 wurde in Krakau ein Erlass veröffentlicht, demzufolge alle Juden ab dem zwölften Lebensjahr ein sichtbares Zeichen tragen mussten. Als Jude galt, »wer der mosaischen Glaubensgemeinschaft angehört oder angehört hat, jeder, dessen Vater oder Mutter der mosaischen Glaubensgemeinschaft angehört oder angehört hat«.[12] Als Zeichen diente ein weißes Band mit blauem, zionistischem Stern. Für die Produktion und Verteilung der Bänder wurde der jüdische Rat verantwortlich gemacht. Am 1. September 1941 folgte ein polizeilicher Erlass von Reinhard Heydrich. Darin wurde bestimmt, dass bereits sechsjährige jüdische Kinder einen gelben sechszackigen Stern mit schwarzem Rand, in dessen Mitte schwarz »Jude« geschrieben steht, tragen müssen. Auch die Eingänge zu den Gettos wurden teilweise mit Davidsternen gekennzeichnet.

Doch gerade dieser Leidensweg hat Professor Gershom Scholem mit dem ursprünglich magischen Symbol versöhnt. So schrieb er am Ende seiner Abhandlung: »Das Zeichen, das in unseren eigenen Tagen durch Leid und Grauen geheiligt worden ist, ist würdig geworden, den Weg zum Leben und zum Aufbau zu erleuchten. Dem Aufstieg ging der Weg in den Abgrund voraus, und wo es die letzte Erniedrigung erfuhr, gewann es seine Größe.«[13]

Schidduch, die Heiratsvermittlung

»Sie wollten mir einen *Schidduch* machen«, vertraut mir die ältere jüdische Dame ganz geschmeichelt an, »obwohl ich das in meinem Alter doch gar nicht mehr nötig habe.« »Sie«, das sind der Rabbi und seine Frau, lasse ich mir erklären – und »sie« haben ihr angeboten, einen Lebenspartner zu vermitteln. Da ich mich kaum in den ultraorthodoxen Kreisen in Israel bewege, begegnet mir die Heiratsvermittlung nur am Rande.

Ein Mädchen aus unserem Bekanntenkreis hatte sich für einen ultraorthodoxen Lebensstil entschieden. Einige Zeit später lag sie ihrem säkularen Papa in den Ohren, dass sie heiraten wolle. Der Vater wandte sich an den *Schadchan*, den Heiratsvermittler, und konnte schon kurze Zeit später die Eltern eines möglichen Bräutigams kennenlernen. Die Hochzeit ließ nicht lange auf sich warten.

Für ein ultraorthodoxes Mädchen ist wichtig, wie viel Torakenntnisse der Anwärter hat und ob er ein jüdischer Gelehrter ist. Natürlich schadet es auch nicht, wenn er aus einer wohlhabenden Familie kommt.

Ein jüdisches Mädchen beschwert sich im Internet, dass es alle Vorzüge habe, die eine junge jüdische Frau haben sollte. Nur weil es arm sei, habe es jahrelang mit dem *Schiduchin* nicht geklappt.

Ultraorthodoxe Jugendliche lernen getrennt in Mädchen- oder Jungenschulen. Auch in den Synagogen sitzen sie in streng getrennten Räumen. So haben sie wenig Gelegenheit einander kennenzulernen. Dass Ehen vermittelt werden, ist bei ihnen normal.

Der Vermittler empfiehlt, die Eltern lernen sich kennen und geben Ratschläge, die letzte Entscheidung bleibt dann aber den Heiratswilligen überlassen. So zumindest sieht es im Idealfall aus.

Das Muster für eine ideale Heiratsvermittlung ist die Geschichte von Isaak und Rebekka. Abraham beauftragte seinen Diener, eine Braut für seinen Sohn zu finden. Von vornherein war klar, dass das Mädchen ablehnen könnte. Als der Knecht mit Gottes Hilfe die Braut gefunden und das Einverständnis der Familie bekommen hatte, wollte er eilends seinen Auftrag zu Ende führen. Doch die Mutter und ihr Bruder wenden ein: »Wir wollen Rebekka rufen (…) und hören, wie sie darüber denkt.« So wird Rebekka gerufen und gefragt: »Willst du schon heute mit diesem Mann mitgehen?« Sie antwortet: »Ja, ich will.«

Als sie dann nach der Reise von Mesopotamien ins Land Kanaan den Isaak erblickt, sagt der biblische Text, »stieg (sie) schnell von ihrem Kamel« – so die Übersetzung der NLB. Im Hebräischen steht da allerdings wörtlich übersetzt: »Und sie fiel vom Kamel.«; beim ersten Blick auf ihren zukünftigen Mann fiel Rebekka vom Kamel.

Im Internet findet man unter dem Begriff *Schiduchin* vor allem amerikanische Seiten, die ihre Hilfe nicht nur orthodoxen Juden anbieten. In den Vereinigten Staaten leben ungefähr genauso viele Juden wie in Israel. Wenngleich viele von ihnen eher liberal sind, bevorzugen sie doch einen jüdischen Lebenspartner.

Im israelischen Radio lief zeitweise eine Vermittlungskampagne für säkulare Menschen unter dem Motto »Love me«. Eine messianische Jüdin erzählt, dass ihrer Freundin im ganzen Leben nur ein *Schidduch* gelungen ist. Unter einem Vorwand, ihn noch mit anderen Gläubigen bekannt machen zu müssen, stellte sie ihren künftigen Mann vor. *Schidduch* kann also ein offiziell anerkannter Dienst oder auch der Beweis einer guten Freundschaft sein.

Die jüdische Hochzeit

»Es gibt viele Gründe, in Israel zu heiraten«, verkünden jüdische Unternehmen. Sie bieten die gesamte Organisation einer Hochzeit bis ins Detail an. In Israel wird die Trauzeremonie gerne unter einem Baldachin im Freien gestaltet. Das Wetter macht dies fast das ganze Jahr hindurch möglich. So muss sich das Hochzeitspaar nur zwischen einer romantischen Hochzeit am Meeresstrand, einer Wüstenzeremonie mit historischem Bezug auf der legendären antiken Festung Massada oder einer eher religiös betonten Trauung in Jerusalem entscheiden. Eine Trauung in Israel sei billiger als in Amerika, London oder Paris, doch »letztendlich und am wichtigsten: Wo sollte ein jüdisches Paar sonst heiraten als in Israel?!«

Im Staat Israel gibt es keine Zivilehe. Alle jüdischen Ehen werden in einem religiösen Ritual durch einen orthodoxen Rabbiner geschlossen. Natürlich setzt jede Familie ihre persönlichen Akzente. Für säkulare Juden spielt das Festmahl im »kleineren« Verwandten- und Freundeskreis eine große Rolle – dazu werden dann etwa 500 Menschen geladen. Bei Ultraorthodoxen und vor allem, wenn sich die Kinder von bedeutenden Rabbinern das Jawort geben, wird das Gebot, sich mit dem Hochzeitspaar zu freuen – *Simchat Chatan VeKallah* –, für so wichtig erachtet, dass ganze Straßen Jerusalems für Zehntausende von Hochzeitsgästen gesperrt werden.

Am Hochzeitstag selbst fasten Braut und Bräutigam und legen ein Sündenbekenntnis ab. Der Tag der Trauung ist als persönlicher Versöhnungstag gedacht, an dem alle Sünden vergeben werden und die beiden ganz neu anfangen dürfen. Zwei halbe Menschen werden vereint und bekommen eine neue, reine Seele. Deshalb trägt der Bräutigam einen weißen Kittel. Chassidische Juden glauben, dass jeder von Geburt an nur einen Teil der Seele besitzt. Erst mit der Heirat wird die Schöpfung des Menschen vollendet.

Nach alter Sitte legt der Bräutigam selbst seiner Braut einen Schleier übers Gesicht und erinnert damit an die Stammmutter Rebekka, die sich mit einem Schleier verhüllte, bevor sie Isaak traf (1. Mose 24,65). Der Schleier symbolisiert Reinheit, Demut und die Würde der Braut. Der Mann zeigt durch diesen Brauch, dass er sich zu Schutz und Versorgung verpflichtet. Dann wird die Braut von Eltern und Großeltern gesegnet. An der Kleidung des Bräutigams werden alle Knoten gelöst als Zeichen dafür, dass alle anderen Bindungen aufgelöst sind.

Die eigentliche Trauung findet unter der *Chuppah*, dem »Brauthimmel«, statt. Dieser Baldachin steht für das Haus des Mannes, in das die Braut in einer feierlichen Prozession geführt wird. So sagte Rut einst dem Boas: »Breite den Zipfel deines Gewandes über deine Magd.« Damit stellt sich die Frau unter den Schutz des Mannes und gleichzeitig beide gemeinsam unter den Schutz Gottes. Wenn der Baldachin unter freiem Himmel steht, soll das Brautpaar an die Verheißung Gottes an Abraham erinnert werden: »Schau hinauf zum Himmel. Kannst du etwa die Sterne zählen? (…) So zahlreich werden deine Nachkommen sein!« (1. Mose 15,5).

Die Braut steht zur Rechten des Bräutigams, wie im Psalm 45 steht, einem Lied zur Hochzeit des Königs. Bei der Hochzeit wird das Brautpaar als königliches Paar betrachtet. Nach der Einleitung trinken beide aus einem Becher Wein. Der Bräutigam muss der Braut einen wertvollen Gegenstand überreichen. Heute ist das meist ein Ring. Dabei sagt er: »Mit diesem Ring bist du mir anvertraut nach dem Gesetz des Mose und Israels.« Zum Abschluss der Trauung zertritt der Bräutigam ein Glas als Zeichen dafür, dass keine Freude vollkommen sein kann, solange der Tempel zerstört und Jerusalem nicht vollkommen aufgebaut ist: »Meine Zunge soll mir am Gaumen kleben, wenn ich nicht mehr an dich denke, wenn Jerusalem nicht mehr meine höchste Freude ist« (Psalm 137, 6).

Diese Zeremonie wird *Kidduschin*, »Heiligung«, genannt. Die Ehe selbst heißt *Nissuin*.

Danach wird der Ehevertrag, die *Ketubah*, verlesen, die nach alter babylonischer Tradition in aramäischer Sprache verfasst wurde. Darin verpflichtet sich der Bräutigam die Verantwortung für seine Frau zu übernehmen. Oft wird dieser Vertrag schon vor der Trauzeremonie in Anwesenheit von zwei Zeugen unterschrieben. Die *Ketubah* bleibt im Besitz der Braut. Solche Eheverträge können wahre Kunstwerke sein, die gerahmt an der Wand im Haus aufgehängt werden.

Die *Scheva Brachot*, die Sieben Segnungen, werden über einem zweiten Becher Wein rezitiert. Sie führen zurück auf den Schöpfungsbericht, allerdings wird das ganze Volk Israel in die Gebete mit eingeschlossen. Der Schöpfer der Welt, der Geber der Freude und Liebe und der Erlöser Israels wird gelobt und gepriesen. Vortragen darf diese Segnungen der Rabbiner oder jemand, den die Familie ehren möchte.

Nach Ansprachen und Glückwünschen soll sich das Brautpaar allein in ein Zimmer zurückziehen. Dort wird das Fasten gebrochen. So wird das »zusammen Wohnen«, das in der Bibel als Vollzug der Ehe verstanden wird, verdeutlicht. Danach wird mit einem Festmahl und viel Tanz gefeiert. Bei orthodoxen Hochzeiten tanzen Männer und Frauen getrennt im Kreis um die Braut beziehungsweise um den Bräutigam. Die jüdische Gemeinde zeigt ihre Zusammengehörigkeit, indem sie sich mit dem Brautpaar freut.

Das neu vermählte Paar wird nach der Hochzeit nicht sich selbst überlassen. Anders als Nichtjuden, die sich meist unmittelbar nach der Feier auf die Hochzeitsreise verabschieden, soll ein jüdisches Paar die ersten sieben Tage seiner Ehe innerhalb der jüdischen Gemeinschaft verbringen, wo es zum Essen eingeladen wird. Das hindert allerdings die eingangs erwähnten Unternehmen nicht daran, als Teil des »Hochzeitspakets« »koschere Hochzeitsreisen« unter rabbinischer Aufsicht bis nach Sri Lanka anzubieten.

Unter den prüfenden Blicken der Braut, des Brautvaters und des Rabbiners unterschreibt der Bräutigam den Ehevertrag

Demografische Krise

»Es gibt's nichts Schlimmeres als ein leeres Haus«, beteuert eine israelische Mutter und erklärt damit, warum sie sich mit 40 für ein viertes Kind entschieden hat. Ihr Zweitjüngster ist zehn Jahre alt und an den Nachmittagen oft mit dem Fahrrad unterwegs, was beim israelischen Wetter nicht verwundert. Obwohl sie berufstätig ist und ohne Putzfrau auskommt, habe sie schon alle ihre Bücher gelesen. Jetzt erscheine es am sinnvollsten, ihre Zeit in ein weiteres Kind zu investieren.

Diese Einstellung ist in Israel nicht selten. Kinder sind willkommen. Sie werden geliebt und als Segen empfunden. Ein Kind auf die Welt zu bringen ist so normal, dass eine Frau nach der Geburt überhaupt nicht verwöhnt wird. Was den jungen Müttern im Krankenhaus geboten wird, scheint eher zur Abhärtung gedacht. Weder das Neugeborene noch die Mahlzeiten werden ans Bett gebracht. Gleich nach der Geburt heißt es: Aufstehen, Baby holen, auf harten Stühlen im Speisesaal die Mahlzeiten verzehren. Duschen und Toiletten sind nicht weit, aber auch nicht im Zimmer. Während Schwangere in Deutschland in Geburtsvorbereitungskursen Entspannung lernen und genießen, hopsen die Israelinnen beim Aerobic mit ihren dicken Bäuchen herum.

Demnach müsste man annehmen, die Geburtenrate sei in Israel um einiges höher als in Deutschland, wo jede Frau im Durchschnitt 1,3 Kinder zur Welt bringt. Tatsächlich liegt die Geburtenrate in Israel mit 2,9 Geburten pro Frau mehr als doppelt so hoch. Doch Im Nahen Osten hat der jüdische Staat die bei Weitem niedrigste Geburtenrate. Nur in drei Ländern außer Israel – nämlich in der Türkei, im Libanon und in Ägypten – werden weniger als 4 Kinder pro Frau geboren. Die höchste Geburtenrate in der Region haben die Palästinenser mit 7,9 im Gazastreifen und 5,7 Geburten pro Frau im Westjordanland.

Unter Israels Bürgern haben die arabisch-muslimischen Frauen mit 4,6 die höchste Geburtenrate, bei jüdischen Frauen liegt diese bei 2,5. Und innerhalb der jüdischen Bevölkerung sind natürlich die orthodoxen Familien die kinderreichsten. Jüdische Mütter, die ursprünglich aus Asien oder Afrika stammen, bringen mehr Kinder auf die Welt als diejenigen, deren Familien aus Amerika oder Europa eingewandert sind.

Immerhin halten jüdische Geburten in Israel in etwa die Waage mit der Sterberate, während in manchen europäischen Ländern jedes Jahr mehr Menschen sterben als geboren werden. Doch angesichts des Wachstums auf der arabischen Seite hat Israel als jüdischer Staat ein ernsthaftes demografisches Problem. Professor Daniel J. Elazar bezeichnet es in einer demografischen Analyse als »eine der traurigsten Ironien unserer Zeit«, dass »das jüdische Volk heute inmitten einer demografischen Selbstvernichtung größten Ausmaßes« steckt.[14] Und das, obwohl der jüdische Staat die größte Möglichkeit für die jüdische Erneuerung in zweitausend Jahren eröffnete, nachdem im Holocaust ein Drittel des jüdischen Volkes vernichtet worden war.

Eine Verzögerung der Erlösung

Einmal pro Jahr wird in den Synagogen weltweit die Tora durchgelesen. Die Tora ist der grundlegende Teil der Heiligen Schrift; die fünf Bücher Mose. Zu diesem Zweck ist die Tora in 54 Wochenabschnitte eingeteilt. Jedem Sabbat im Jahr ist ein bestimmter Wochenabschnitt, die sogenannte Parascha, zugeteilt, die dann die Lesung, die Gespräche und Auslegungen an den Sabbaten und den jeweils vorhergehenden Wochen bestimmt. Manchmal wird, wie in diesem Fall, auch eine öffentliche Diskussion entfacht, wenn die aktuelle Lage dazu einen Anlass bietet. Die Parascha für den Sabbat am 9. Januar 2010 trug den Namen Schemot und steht in 2. Mose 1,1–6,1.

Das 1. Buch Mose beschreibt die Erschaffung der Erde und das Entstehen einer Großfamilie. Das 2. Buch Mose schildert nun die Werdung eines Volkes. Doch schon bevor aus einem Sklavenheer eine Nation werden konnte, schmiedet der König von Ägypten Pläne, das Volk zu vernichten. Zur Einzigartigkeit Israels gehört, dass es sich seit Beginn seiner Existenz einem erklärten Vernichtungswillen ausgesetzt sieht. Eine entscheidende Rolle im Plan des ägyptischen Königs spielen die beiden Geburtshelferinnen Schifra und Pua. Der Pharao befiehlt ihnen, neugeborene Jungen sofort nach der Geburt zu töten. »Aber weil die Hebammen Ehrfurcht vor Gott hatten, gehorchten sie dem König von Ägypten nicht und ließen die Jungen am Leben« (2. Mose 1,17).

Obwohl es im biblischen Text eindeutig um die Ermordung von Neugeborenen geht, spricht und schreibt im modernen Israel in den Tagen, in denen die *Paraschat Schemot* gelesen wird, alles über Abtreibungen. Im Radio erzählen junge Frauen, wie sehr sie ihre Abtreibung bereuen – und machen Werbung für die orthodoxe Anti-Abtreibungsorganisation »Efrat«. »Abtreibungen verzögern die Erlösung« titelt die linksliberale und säkulare Tageszeitung *HaAretz*. In einem Schreiben an örtliche Rabbiner hatten die Oberrabbiner Israels darauf hingewiesen, dass jedes Jahr im jüdischen Staat 50 000 Babys abgetrieben werden. 20 000 dieser Abtreibungen sind laut den Abtreibungsgegnern von »Efrat« illegal und unnötig. Die obersten geistlichen Vertreter des jüdischen Volkes bezeichnen es als »wahre Epidemie, dass Tausende von jüdischen Leben jedes Jahr verloren gehen«. Und: »Abgesehen von dem Vergehen zögert das die Erlösung hinaus!«

Durch die bewusste Parallele mit dem biblischen Text suggerieren die Rabbiner: So wie einst der ägyptische Pharao das Volk Israel durch Säuglingsmord zu vernichten suchte, bedrohen heute Wohlstand, Anspruchsdenken und Assimilation das jüdische Volk durch Abtreibungen. Aber im Gegensatz zu den mutigen Hebammen in der Antike stellen sich heute die Geburtshelfer dem Herrschaftsanspruch und Vernichtungswillen des »Pharao« kaum entgegen. Die Abtreibungsgegner von »Efrat« retten nach eigenen Angaben 4 000 bis 5 000 Babys pro Jahr durch Bereitstellung von finanzieller und psychologischer Unterstützung.

Die Oberrabbiner, Schlomo Amar und Yona Metzger, fordern in ihrem Schreiben die Rabbiner Israels auf, in den Sabbatpredigten zu betonen, dass Abtreibungen nach jüdischem Gesetz ein schwerwiegendes Vergehen sind. Ein »Anti-Abtreibungsrat« unter Leitung des Rabbiners Yehuda Deri aus der Wüstenstadt Beer Scheva soll gestärkt werden. Die Aussage, dass Abtreibungen die Erlösung hinauszögerten, leiten die orthodoxen Rabbiner von einer Aussage des Talmud ab, der im Traktat Nidda erklärt, die Geburt eines jeden Kindes bringe die Erlösung näher.

Ronit Ehrenfreund-Cohen verurteilt den Rabbinerbrief als »Verletzung des Wesens und der Werte der Gesellschaft und des Landes, in dem wir leben, und das auch ihre Gehälter bezahlt«.[15] Ehrenfreund-Cohen leitet die Frauenrechtsabteilung der internationalen zionistischen Frauenorganisation WIZO (Women's

International Zionist Organisation). Irit Rosenblum, Leiterin der Organisation »Neue Familie«, wehrt sich gegen den religiösen Einfluss in Fragen der Ehe und Geburt. Zornig wirft sie einem »Haufen von Männern« vor, Frauen vorschreiben zu wollen, »was sie mit ihrem Körper tun müssen«.[16]

Hintergrund für diese innerjüdische Diskussion sind nicht nur ethische Überlegungen zur Abtreibung, die im orthodoxen Judentum ohnehin liberaler sind, als etwa bei konservativen Christen, sondern auch die demografische Entwicklung in Israel. Orthodoxe Rabbiner erlauben Abtreibungen nicht nur, wenn das Leben der Mutter in Gefahr ist, sondern auch in extremen Notsituationen. Messianische Juden, die in Jesus Christus den Messias Israels erkennen, teilen die ethischen Richtlinien konservativer Christen und lehnen Abtreibungen grundsätzlich ab.

Abtreibungen

1977 wurden Abtreibungen von der Knesset legalisiert. Seither ist ein Schwangerschaftsabbruch in Israel legal und kostenlos, wenn der Embryo ernsthafte geistige oder physische Defekte aufweist, wenn Vergewaltigung oder Inzest zu einer Schwangerschaft geführt haben oder die geistige und physische Gesundheit einer Frau durch die Schwangerschaft Schaden erleiden könnte. Soldatinnen stehen während ihres Militärdienstes zwei kostenlose Abtreibungen zu.

Legal, aber nicht kostenlos sind Schwangerschaftsabbrüche bei Frauen die minderjährig oder über 40 Jahre alt sind, unverheiratet oder in einer außerehelichen Beziehung schwanger wurden. Auf Druck der religiösen Parteien wurde 1980 die sozioökonomische Klausel gestrichen. Dabei sind oft die orthodox-jüdischen Familien am kinderreichsten und gleichzeitig sozial die schwächsten. Die Einstellung zum »Thema Abtreibung« hängt in Israel also offensichtlich mit der religiösen Überzeugung zusammen. Eine Abgeordnete der links-liberalen Meretz-Partei machte 2006 den Vorschlag, die Abtreibungskommission ganz abzuschaffen.

Nach israelischem Recht führt der Weg zu einem Schwangerschaftsabbruch über eine Kommission, die aus zwei Fachärzten und einem Sozialarbeiter besteht, von denen mindestens eine Person weiblich sein muss. Die meisten Anträge auf Abtreibung werden genehmigt.

2004 wurden die meisten Anträge von unverheirateten Frauen gestellt (nicht legale Bedingungen 53 %, davon 42 % unverheiratete Frauen). Weitere Abtreibungsgründe waren gesundheitliche Risiken für die Frau (20 %), Defekte beim Embryo (17 %) und das Alter der Mutter (11 %). Laut offizieller Statistik wurden 2007 in Israel 19 500 legale Schwangerschaftsabbrüche durchgeführt. Nur 200 Anträge wurden abgelehnt.

In Privatkliniken werden zudem illegale Schwangerschaftsabbrüche vorgenommen. Der Gebrauch von Abtreibungspillen nimmt zu. Postinor, »die Pille am Morgen danach«, wird ohne Rezept oder ärztliche Aufsicht verkauft.

Im Jahr 2004 wurden 145 207 Babys in Israel geboren und 20 378 Abtreibungen gemeldet. Somit kommen im Durchschnitt 140,3 Schwangerschaftsabbrüche auf 1 000 Geburten. Allerdings ist davon auszugehen, dass die Zahl inklusive der nicht gemeldeten Abtreibungen etwa doppelt so hoch ist. Seit Gründung des Staates Israel wurden mehr als zwei Millionen Abtreibungen ausgeführt.

In der theologischen Diskussion um das Thema Schwangerschaftsabbruch wird im Judentum vor allem 2. Mose 21,22ff zitiert. Die NLB übersetzt: »Angenommen, zwei Männer kämpfen miteinander und stoßen dabei eine schwangere Frau so, dass ihr Kind zu früh geboren wird, aber kein weiterer Schaden entsteht; dann soll der Schuldige eine Geldstrafe zahlen, die ihm vom Ehemann der Frau auferlegt wird und die der Richter billigt. Wenn aber doch Schaden entsteht, wird die Strafe wie folgt festgelegt: Leben um Leben, Auge um Auge, Zahn um Zahn (…)«

Diese Stelle behandelt also den Fall einer durch Gewalt verursachten Frühgeburt oder Fehlgeburt, nicht aber einen Schwangerschaftsabbruch. Den entstandenen Schaden soll der Täter je nach Größe des Schadens mit einer Geldbuße oder gar seinem eigenen Leben ausgleichen.

Einige jüdische Ausleger haben anhand dieses Textes versucht, den Wert eines ungeborenen Babys im Vergleich zum Wert des Lebens der Mutter festzulegen. Dabei sind sie sich allerdings nicht einig, ob es sich bei dem »Schaden«, auf das die Todesstrafe steht, um den Tod des Embryos oder den Tod der Mutter handelt. Falls es sich bei dem »Schaden« lediglich um den Tod der schwangeren Frau handelt, hätte das Kind, das durch die Fehlgeburt auf die Welt kam, zwar einen Wert, aber nicht den Status einer Person. Der hebräische Text ist in diesem Fall nicht eindeutig.

Die Mischna greift das Problem einer Geburt auf, bei der das Leben der Mutter gefährdet ist. Ausdrücklich wird ein Schwangerschaftsabbruch erst im Buch Sohar erwähnt, welches die Grundlage der mystischen Kabbala bildet. Dort werden Abtreibungen grundsätzlich verboten.

Rabbi Schlomo Itzhaki, genannt *Raschi*, und später Rabbi Mosche Ben Maimon, besser als *Rambam* oder »Maimonides« bekannt, vertraten die Ansicht, das ein Kind vor der Geburt keine lebendige Seele ist. Daher würde man sich für das Leben der Mutter entscheiden, wenn es durch die Geburt in Gefahr wäre.

Aufgrund von zwei Stellen im Talmud wird ein Embryo als lebendiges Wesen erst ab dem zweiten Trimester anerkannt. Später wurden dann auch Fälle von Abtreibungen im Falle einer unehelichen Schwangerschaft diskutiert. Im 20. Jahrhundert schließlich tauchten Diskussionen darüber auf, ob es erlaubt sei, stark behinderte Kinder abzutreiben. Stand der orthodox-jüdischen Diskussion ist gegenwärtig, dass einige Gelehrte eine Abtreibung in bestimmten Fällen erlauben, während andere sie allerdings grundsätzlich verbieten.

Die Bibel selbst unterscheidet weder im Alten noch im Neuen Testament in ihrer Terminologie zwischen einem Embryo und einem Kind nach der Geburt – auch wenn dies einige Übersetzungen tun. Vor und nach der Geburt verwendet die Schrift ein und denselben Ausdruck – »Kind«: Im Hebräischen ist es das Wort *yeled*, im Griechischen *brephos*.

Mehrere Organisationen in Israel setzten sich dafür ein, dass Kinder nicht abgetrieben werden. Die größte und bekannteste unter ihnen, ist die orthodoxe Organisation »Efrat«, die von einigen Rabbinern unterstützt wird. Ihre Ziele sind klar formuliert: Die »Rettung jüdischer Kinder und ihrer Nachkommen«, die »demografische Stärkung des Staates Israel« und »das größte Geschenk des Lebens, nämlich Kinder, zu erhalten«.

»Efrat« investiert viel in ihre Öffentlichkeitsarbeit. »Im vergangenen Jahr verloren in Israel pro Woche elf Menschen durch

Autounfälle und zwei Menschen durch Terroranschläge ihr Leben. Mehr als 950 Babys gingen durch Abtreibung verloren«, steht auf ihrer Titelseite im Internet. In den jüdischen Vierteln amerikanischer Großstädte ist auf Plakaten zu lesen: »Stoppt den stillen Holocaust – 2 000 000 Kinder wurden in Israel durch Abtreibung vernichtet.« Und: »Efrat bringt jedes Jahr mehr Juden nach Israel als die Einwanderung aus Nordamerika.«[17] Oder: »Don't abort me!« »Abtreibung ist kein Kinderspiel!«, warnen Werbesendungen im israelischen Radio. Orthodox-jüdische Abtreibungsgegner appellieren also vor allem an das zionistische Gefühl und argumentieren mit dem Erhalt des jüdischen Volkes.

Efrat bietet Frauen, die aufgrund von finanziellen Schwierigkeiten abtreiben wollen, eine Erstausstattung und ein Jahr lang Windeln und Babynahrung frei Haus. Während der Schwangerschaft können sie kostenlos soziale Beratung in Anspruch nehmen. Dabei haben die Mitarbeiter von »Efrat« die Erfahrung gemacht, dass viele schwangere Frauen ihre Kinder gerne zur Welt bringen, wenn sie in Krisensituationen Unterstützung erfahren. Der Leiter der Organisation, der Chirurg Dr. Eli Schussheim, meint: »Unter den 17 000 Fällen, die wir in den letzten 28 Jahren betreut haben, ist mir bislang keine Mutter begegnet, die bedauert hätte, dass sie ihr Kind lebendig zu Hause hat.«

Ein Unterstützer der Anti-Abtreibungsorganisation »Efrat«, Rabbi Yehuda Levin, erinnert an ein Wort aus dem *Sohar*: »Wer seine eigenen Kinder zerstört, vernichtet G-ttes Handarbeit, und bringt Hunger, Seuchen und das Schwert über die Welt.« Er ruft sein Volk zur Buße: »Wenn wir wirklich ein Ende des Blutvergießens unter unseren Brüdern und Schwestern im heiligen Land Israel wollen, müssen wir laut und klar zum Himmel schreien gegen dieses Vergießen unschuldigen Blutes. *Rosch HaSchanah* (das jüdische Neujahrsfest) ist gekommen und damit die Zeit zur Umkehr über diesem furchtbaren Verbrechen im Heiligen Land G-ttes. Nur dann können wir sagen: Unsere Hände haben kein unschuldig Blut vergossen.«

Eine kleine messianisch-jüdische Organisation heißt *Be'ad Chaim* (»Für das Leben« – »Pro Life«). Sie unterstützt nicht nur Schwangere in Krisensituationen, sondern möchte auch die ethischen Maßstäbe Gottes und den Wert der Familie unterstreichen, gerade angesichts der steigenden Scheidungsrate und der zunehmenden Zahl alleinerziehender Mütter in Israel. Die Statistiken zeigen, dass Schwangerschaftsabbrüche vor allem eine Folge sexueller Beziehungen außerhalb der Ehe sind. Bei *Be'ad Chaim* finden auch die Frauen Hilfe, die an den Folgen einer Abtreibung leiden.

Wie kann das einem Bibelleser passieren?

»Ist es wahr, dass sich jüdische Kinder in der Schule schlagen?« »Werden in Israel Autos gestohlen?« »Gibt es dort tatsächlich Abtreibungen?«, wundern sich so manche Christen aus dem Ausland – und wenn dann gar ein »Mörder, über den die Zeitungen berichten, ein Jude« war??!

Heidenchristen legen nicht nur an einzelne Juden einen höheren ethischen Maßstab an. Es ist die Pflicht aller Staaten, also auch des jüdischen, seine Bürger zu schützen. Trotzdem gibt es Menschen, die von Israel verlangen, dass es sich gegenüber palästinensischen Terroristen nach dem Gebot richtet, das Jesus seinen Jüngern gegeben hat: »Wer euch auf die rechte Wange schlägt, dem haltet auch die andere hin.«

Ja, auch israelische Kinder prügeln sich und halten meist nicht die andere Backe hin. Bei Autodiebstählen funktioniert die israelisch-palästinensische Zusammenarbeit so gut, wie wohl auf keinem anderen Gebiet. Seit der Gründung des Staates Israel wurden fast zwei Millionen Abtreibungen durchgeführt. Auch in Israel sitzen Juden im Gefängnis wegen Mordes und auch dort gibt es Menschen, die Gott nicht fürchten.

Was bringt Christen zu der Annahme, in Israel sei das Reich Gottes schon ausgebrochen? Gibt es in Deutschland, Österreich oder der Schweiz keine Diebstähle, Morde, Vergewaltigungen oder Abtreibungen? Warum sind manche Menschen überzeugt, dass Juden im Unterschied zu Deutschen und Christen ohne Sünde sind? Wie kann es einem Bibelleser passieren, dass er übersieht, dass nach Aussage der Heiligen Schrift alle Menschen Sünder sind?

Der Apostel Paulus erklärt im Römerbrief, dass es zwischen Israel und den anderen Nationen viele Unterschiede gibt und dass das jüdische Volk viele Vorteile hat. Es gibt aber einen Bereich, in dem es keinen Unterschied gibt: Juden und Griechen, Deutsche und Tschechen – sie alle sind unter der Sünde, wie denn geschrieben steht: Da ist keiner, der gerecht sei, auch nicht einer.

Im 3. Kapitel des Römerbriefes zitiert Paulus einige Stellen aus den Psalmen, dem Propheten Jesaja und den Sprüchen. Für den Fall, dass jemand aus dem jüdischen Volk auf die Idee käme, dass sein Volk schon heilig und gerecht sei; es steht auch in »seiner Bibel«, dass dem noch nicht so ist. Ein Blick in die Zeitung genügt, um zu beweisen, dass die tägliche Realität in Israel der Heiligen Schrift recht gibt. Allerdings ermahnt Jesus seine Jünger, erst den Balken aus dem eigenen Auge zu entfernen, bevor man sich um den Splitter im Auge des Bruders kümmert.

Die jüdische Ehe

Die jüdische Ehe geht, wie jede Ehe, auf die Schöpfungsordnung in 1. Mose 2,18-24 zurück. Gott hat den Menschen als Mann und Frau geschaffen. »Der Bund zweier Menschen durch die Ehe ist im Grunde genommen nichts weiter als das Wiederfinden und Wiederherstellen einer Einheit«, schreibt Rabbi Simon Philip De Vries. »Die Ehe ist die Bestimmung des Menschen. Die Voraussetzung, um die Berufung des Menschen zu erfüllen.«[18] Gott hat die Erde nicht geschaffen, dass sie leer sei, sondern, dass man auf ihr wohne, heißt es im Propheten Jesaja (45,18). Aus Gottes Sicht ist es nicht gut, dass der Mensch allein sei. Deshalb ist die Ehe um der Gemeinschaft willen da. Das Judentum betrachtet den Segen Gottes »seid fruchtbar und mehret euch und füllet die Erde« als Gebot. Aus diesem Grund ist das Zölibat im Judentum keine Tugend.

Auf das Gelingen der Ehe und das Familienleben wird großer Wert gelegt. Über der glücklichen Verbindung von Mann und Frau strahlt nach den Worten des Talmud die Herrlichkeit Gottes, die *Schechina* (Babylonischer Talmud, Traktat Sota 17a).

So ist die Wahl des Lebenspartners eine ernsthafte Sache und die Heiratsvermittlung, genannt *Schidduch*, ein anerkannter Dienst. Früh geschlossene Ehen werden im Judentum bevorzugt. Der Mann soll aber in der Lage sein, seine Familie zu ernähren, das heißt, im biblischen Sinne ein Haus bauen und einen Weinberg pflanzen (5. Mose 20,5f). Nach einer Eheschließung müssen beide Beteiligten daran arbeiten, ihre Ehe durch gegenseitige Achtung und Rücksichtnahme auf das höchste Niveau zu bringen.

In den Propheten wird die Beziehung Gottes zu seinem Volk Israel mit einer Verlobung (Hosea 2,21f) oder einer Ehe verglichen: »Man wird nicht mehr ›die Verlassene‹ zu dir sagen und dein Land nicht mehr ›Einöde‹ nennen. Vielmehr wird man dich als

›meine Vorliebe‹ bezeichnen und zu deinem Land ›meine Braut‹ sagen, denn der Herr hat Freude an dir und dein Land wird mit ihm vermählt sein. Deine Söhne werden dich heiraten, so wie ein junger Mann seine Braut heiratet. Dann wird dein Gott sich an dir freuen wie ein Bräutigam an seiner Braut« (Jesaja 62,4f).

Das Judentum kennt auch verbotene Ehen. In diese Kategorie gehören Verbindungen unter nahen Verwandten, welche die Bibel in 3. Mose 18 ausdrücklich verbietet. Obwohl in diesem Kapitel auch gleichgeschlechtliche Beziehungen verboten und als Gräuel bezeichnet werden, fallen sie nicht unter die Kategorie der verbotenen Ehen. Ehe im biblischen Sinne bezieht sich auf eine Verbindung zwischen Mann und Frau. Daraus kann gefolgert werden, dass eine gleichgeschlechtliche Beziehung also nicht als Ehe bezeichnet werden kann, wie es in der heutigen liberalen Gesellschaft geschieht. Nach 5. Mose 24,1-4 darf ein Mann seine geschiedene Frau nicht wieder heiraten, wenn sie wieder verheiratet und wieder geschieden oder verwitwet war. Nach rabbinischem Recht ist eine Ehebrecherin für ihren Mann verboten.

Besonders strenge Regeln beziehen die Rabbiner bis heute auf die Priester, die Nachkommen Aarons, auch wenn diese ihr Amt nicht vollständig ausüben können, weil es keinen Tempel mehr gibt. Die Regeln für die Priesterehen stammen aus 3. Mose 21: Sie sollen keine Ehe mit einer zum Judentum konvertierten Frau schließen noch eine Entehrte oder Witwe heiraten. »Priester dürfen keine Prostituierten, keine Frau, die schon mit einem anderen Mann geschlafen hat, und auch keine Geschiedene heiraten, denn die Priester sind Gott geweiht. (…) Ihr sollt sie als heilig betrachten, weil ich, der Herr, heilig bin, der auch euch heilig macht« (3. Mose 21,7-8).

Zivilehe

Am Beispiel der Eheschließung zeigt sich wie bei kaum einem anderen Thema die Spannung zwischen dem Anspruch Israels, einerseits ein jüdischer Staat, andererseits aber gleichzeitig auch eine Demokratie sein zu wollen. Nach dem Gesetz ist das orthodoxe Rabbinat für Eheschließung und Scheidung aller Juden in Israel zuständig. In osmanischer Tradition hält sich der Staat Israel aus allen standesamtlichen Vorgängen heraus und überlässt diese den anerkannten Religionsgemeinschaften. Die Möglichkeit einer zivilen Eheschließung für Juden gibt es in Israel nicht. Eheschließungen von Reformjuden oder konservativen Juden werden vom Staat nicht anerkannt.

Gemäß dem Rückkehrergesetz Israels darf jeder, der mindestens ein jüdisches Großelternteil hat, einwandern. Nach der *Halacha*, dem jüdischem Gesetz, ist aber nur derjenige Jude, der eine jüdische Mutter hat, oder nach orthodox-jüdischem Ritus zum Judentum konvertiert ist. Kinder aus einer Mischehe, in der die Mutter jüdisch ist, werden also keine Probleme haben, in Israel einen Juden oder eine Jüdin zu heiraten. Wer aber nur einen jüdischen Vater oder väterlicherseits nur ein jüdisches Großelternteil hat, darf zwar Israeli werden, muss aber zum Judentum konvertieren, um in Israel heiraten zu können.

Die Forderung nach der Einrichtung einer Zivilehe wird deshalb in Israel immer lauter. Doch die Befürchtung ist groß, dass dadurch der Graben in der Gesellschaft zwischen denen, die einen Juden heiraten dürfen, und denjenigen, die keine Juden heiraten dürfen, noch tiefer wird.

In der Diskussion um die Ehe taucht der Begriff *Mamser* auf. Er stammt aus 5. Mose 23,3, wo verboten wird, dass ein »Mischling« oder »Bastard« in die Versammlung Gottes kommt, und zwar bis in die zehnte Generation. Ein *Mamser* stammt aus einer nach der

Halacha verbotenen Ehe oder sexuellen Beziehung. Er hat nach rabbinischem Recht keine Möglichkeit, einen jüdischen Partner zu heiraten. Auch eine Konversion ist ihm unmöglich. Das vor allem in Amerika sehr starke Reformjudentum lehnt die Vorstellung vom *Mamser* strikt ab.

Religiöse Juden befürchten, dass sich mit der Einrichtung einer Zivilehe noch viel mehr Juden assimilieren werden. In den USA gehen beispielsweise durch Mischehen jedes Jahr dem jüdischen Volk zwischen 50 000 und 60 000 Menschen »verloren«. Die Orthodoxen wollen nicht anerkennen, dass die Normen der *Halacha* der jüdischen Bevölkerung Schaden zufügen. Vielmehr sehen sie, dass die Ehe durch das auf der Heiligen Schrift gegründete jüdische Gesetz einen geistlichen Aspekt erhält.

Die Befürworter der Zivilehe dagegen wollen sich ihre Religion nicht aufzwingen lassen und wünschen die Möglichkeit, dass auch in Israel Menschen unterschiedlicher religiöser Herkunft heiraten können. Von der Orthodoxie auferlegte Einschränkungen, dass zum Beispiel ein *Cohen*, ein Priesternachfahre, keine Geschiedene heiraten darf, wollen sie abschaffen. Auch kritisieren sie, dass die Frage von Heirat und Scheidung ausschließlich in Männerhänden liegt und argumentieren dabei auf zivilrechtlicher Grundlage. Vereinzelte Stimmen in der orthodoxen Rabbinerschaft suchen nach einer Lösung für Israelis, für die eine orthodoxe Eheschließung nicht infrage kommt.

Außer religiösen jüdischen Eheschließungen werden in Israel muslimische, drusische und manche christliche wie z. B. katholische, griechisch-orthodoxe, anglikanische oder auch baptistische Eheschließungen anerkannt. Paare, die nicht in diese Kategorien gehören, müssen im Ausland heiraten. Mann müsste nicht einmal anwesend sein, um eine Ehe in Paraguay zu schließen. Das Innenministerium registriert solche Zivilehen als legale Ehen.

Scheidung

Etwa jede dritte jüdische Ehe in Israel wird geschieden, die Tendenz ist steigend. Nur während des zweiten Libanonkrieges sank die Zahl der Scheidungsanträge um 30 Prozent. Ein Teil der bereits gestellten Scheidungsanträge wurde sogar zurückgezogen, vor allem an Orten, die unter dem Raketenbeschuss der Hisbollah litten. Die lebensbedrohliche Situation hat anscheinend manchen Menschen geholfen, sich darüber klar zu werden, worauf es im Leben eigentlich ankommt. Außerdem: Als die Familien Tage und Nächte miteinander im Bunker verbringen mussten, erübrigte sich offensichtlich das Problem, keine Zeit füreinander zu haben.

Der orthodoxe Rabbiner Schraga Simmons, der in Israel lebt, äußerte sich zu Scheidung in einer Internetberatung für jüdische Paare folgendermaßen: »Die Tora sagt, dass durch eine Ehe Mann und Frau ein Leib werden (1. Mose 2,24). ›Ein Leib‹ bedeutet, dass die Verpflichtung in der Ehe dasselbe ist, wie die Verpflichtung gegenüber der eigenen Hand. Was für eine Verpflichtung habe ich meiner eigenen Hand gegenüber? ›Ich bin‹ meine Hand! Ich werde die Verpflichtung meiner Hand gegenüber nicht anzweifeln, wenn sie gebrochen, hässlich oder vernarbt ist oder wenn ich jemandem mit schöneren Händen begegne. Ich werde diese Verpflichtung nur in Erwägung ziehen, wenn sie mein Leben in Gefahr bringt, das heißt, wenn meine Hand mich umbringen könnte, beispielsweise durch Wundbrand. Die Eheverpflichtung ist gültig, solange sie nicht tötet. Es gibt Ehen, die in eine destruktive Situation des Missbrauchs verfallen. In solchen Fällen ist Scheidung angemessen. Bei den meisten Ehen, die heute geschieden werden, ist das jedoch nicht der Fall.«[19]

Eheschließungen und Scheidungen sind im Staat Israel Angelegenheit der jeweiligen Religionsgemeinschaften. So ist es seit osmanischer Zeit. Das Rabbinat ist für jüdische Eheschließungen, islamische Scharia-Gerichte für muslimische, drusische Gerichte für die Hochzeiten der Drusen und Geistliche verschiedener Denominationen für die entsprechenden christlichen Eheschließungen zuständig. So sind in Israel für die Ehescheidungen von Juden auch die rabbinischen Autoritäten auf der Grundlage des jüdischen Gesetzes verantwortlich. Abgesehen von Fragen des Eigentums halten sich die staatlichen Gerichte aber aus diesem privaten Bereich heraus.

Im Jahr 1994 entschied das Oberste Gericht, dass die rabbinischen Gerichte im Falle einer Scheidung bei der Teilung des Besitzes das Gleichheitsprinzip anzuwenden haben, auch wenn das jüdischem Recht widersprechen sollte. Über Erziehungsrechte und Unterhaltszahlungen entscheiden die rabbinischen Gerichte, falls die Beteiligten nicht vorher Anträge bei einem zivilen Familiengericht gestellt haben. Die Familiengerichte geben den religiösen Gerichten den Vorrang und werden nicht eingreifen, wenn die religiösen Gerichte schon eine Entscheidung getroffen haben. Deswegen eilen die Parteien zu der Instanz, von der sie sich die bessere Vertretung ihrer jeweiligen Interessen erhoffen.

Nach jüdischem Gesetz ist Scheidung möglich und kann unter bestimmten Umständen sogar notwendig sein. Deswegen gehört sie zu den 613 Geboten. Unausweichlich ist Scheidung im Falle von sogenannten verbotenen Ehen, beispielsweise unter nahen Verwandten. In 5. Mose 22,20f wird geboten, eine Frau, die bei ihrer Hochzeit nicht mehr Jungfrau ist, aus dem Haus zu führen und zu steinigen. Heute ist im orthodoxen Judentum eine Frau, die Ehebruch begangen hat, für ihren Mann verboten, woraus die Notwendigkeit der Scheidung erfolgt. Nach rabbinischem Gesetz darf eine Frau auch nicht den Mann heiraten, mit dem sie Ehebruch begangen hat. Im Vergleich zu der in der Bibel angeordneten Steinigung, die auch für Männer gilt, ist das eine Erleichterung (5. Mose 22,20-27).

Die Heilige Schrift verbietet die Scheidung einem Mann, der seine Ehefrau fälschlicherweise beschuldigt hat, sie sei bei der Hochzeit, keine Jungfrau gewesen. Den Eltern des Mädchens, über das er ein böses Gerücht gebracht hat, muss er eine Geldbuße zahlen. »Danach bleibt sie seine Frau und er darf sich nie von ihr scheiden lassen« (5. Mose 22,13-19). Dasselbe gilt für einen Mann, der eine Jungfrau »verführt und mit ihr schläft«. Er soll »das Mädchen heiraten, weil er mit ihr geschlafen hat, und darf sich nie von ihr scheiden lassen« (5. Mose 22,28f). In diesen beiden Fällen kommt Scheidung nicht mehr infrage.

Im Buch Esra wird die Rückkehr des israelitischen Volkes aus der babylonischen Gefangenschaft geschildert. Esra »Schriftgelehrter, bewandert im Gesetz von Mose, das der Herr, der Gott Israels, gegeben hatte« (Esra 7,6), entscheidet auf Rat des Schechanja, alle zurückgekehrten Männer aufzufordern, sich von ihren heidnischen Frauen und Kindern zu trennen. »Das Volk der Israeliten und die Priester und Leviten haben sich nicht von den Völkern, die im Land leben, ferngehalten. Dies hätten die abscheulichen Praktiken der Kanaaniter, Hetiter, Perisiter, Jebusiter, Ammoniter, Moabiter, Ägypter und Amoriter verlangt. Die Israeliten nahmen deren Töchter für sich und ihre Söhne. So wurde die heilige Nachkommenschaft mit den Völkern, die im Lande leben, vermischt.« In 5. Mose 7,3f heißt es ausdrücklich: »Heiratet nicht in ihre Familien ein: Verheiratet eure Töchter nicht mit ihren Söhnen oder eure Söhne nicht mit ihren Töchtern. Denn sie würden eure Kinder dazu bringen, sich von ihm abzuwenden und andere Götter zu verehren.«

Aus dem Babylonischen Talmud (Traktat Ketuboth 2,9) geht hervor, dass ein Priester namens Sacharia ben HaKazav aufgrund des Gesetzes zur Scheidung gezwungen wurde. Ein Priester darf keine Frau heiraten, die in fremder Gefangenschaft war. Sacharia ben HaKazav und seine Frau befanden sich im belagerten Jerusalem. Obwohl er geschworen hatte, dass sie die ganze Zeit zusammen waren, wurde ihm entgegnet, dass niemand ein Zeuge für sich selbst sein kann. Zudem wird in 3. Mose 21,7 Priestern ausdrücklich verboten eine geschiedene Frau zu heiraten.

Aus 5. Mose 24,1 und anderen Stellen in der Bibel geht hervor, dass ein Mann, der sich entschieden hat, »seine Frau zu entlassen«, ihr einen Scheidebrief geben soll. Der Scheidebrief, hebräisch *Get*, ist bis heute für orthodoxe Juden sehr wichtig. Ein *Get* kann nur für ein bestimmtes Paar ausgestellt werden, von einer Person, die sich im jüdischen Gesetz auskennt. Der *Get* muss vor Zeugen geschrieben werden. Ein vorgedrucktes Formular ist nicht gültig. Der Mann ist derjenige, der den Scheidebrief gibt und die Frau diejenige, die ihn annimmt. In dem Moment, in dem der *Get* übergeben wurde – was auch durch eine dritte Person geschehen kann –, ist die Ehe geschieden. Beide Parteien sind dann frei, jemand anderen zu heiraten.

Jüdische Frauen, ob kinderlos oder mit Kind geschieden, äußern oft den Wunsch, weitere Kinder zur Welt zu bringen. Sie wollen mit einer neuen Ehe meist nicht lange warten. In Israel gibt es Fälle, in denen der Mann seine Frau unter Druck setzt, indem er ihr den unterschriebenen *Get* nicht übergibt. So bleibt sie an ihn gebunden. Wenn sie trotzdem heiratet, bevor sie den Scheidebrief bekommen hat, ist ihre Ehe aus religiöser Sicht Ehebruch und ihre Kinder sind illegitim; sie sind *Mamserim*. Das rabbinische Gericht hat theoretisch die Autorität Druck auf den Ehemann auszuüben, etwa indem der Führerschein, der Reisepass, oder die Kreditkarte eingezogen werden. Sogar eine Gefängnisstrafe ist möglich. Zur Durchführung dieser Mittel kommt es jedoch nur selten.

Wenn die Frau ihrerseits das Einverständnis zur Scheidung versagt und den Scheidebrief nicht annimmt, ist sie offiziell nicht geschieden. Der Mann ist dann nach jüdischem Gesetz verpflichtet, sie materiell zu unterstützen. Sanktionen gegen solche scheidungsunwilligen Frauen müssen vom Präsidenten des höchsten rabbinischen Gerichts bestätigt werden. Wenn ein geschiedenes jüdisches Paar die religiösen Gesetze nicht beachtet hat, wird es im Falle einer Wiederheirat mit einem jüdischen Partner gezwungen, nachträglich den Scheidebrief zu besorgen.

Zur heutigen Form des jüdischen religiösen Scheidungsrechts haben zwei mittelalterliche Rabbiner entscheidend beigetragen. Rabbi Gerschom aus Mainz schrieb, dass es nicht erlaubt sei, eine Frau ohne ihr Einverständnis zu entlassen, es sei denn, im Falle von Ehebruch. Und Rabbi Mosche ben Maimon gesteht im Falle einer gegenseitigen Abneigung auch der Frau das Recht zur Scheidung zu. Eine der ersten jüdischen Frauen, die in der Habsburger Monarchie im Jahr 1796 eine zivile und rabbinische Scheidung aufgrund einer ansteckenden Geschlechtskrankheit ihres Mannes erreicht hat, war Rachele Morschene aus Triest. Ihr Fall führte zu einer neuen Beurteilung des Scheidungsprozesses bei religiösen und staatlichen Autoritäten und hat den Frauen mehr Rechte verschafft.

Nach heutigem rabbinischem Recht kann ein Mann oder eine Frau die Scheidung beantragen. Beide müssen zustimmen, außer in Fällen, in denen ein Ehepartner das Recht auf Scheidung hat. In 2. Mose 21,10f wird der Fall behandelt, wenn ein jüdisches Mädchen als Sklavin verkauft wurde und dem Sohn des Besitzers zur Frau gegeben wurde. Wenn dieser sich dann noch eine andere Frau nimmt, »muss er die erste trotzdem mit Essen und Kleidung versorgen und darf ihr den ehelichen Verkehr nicht vorenthalten. Wenn er diesen drei Verpflichtungen ihr gegenüber nicht nachkommt, kann sie ihn als freie Frau verlassen ohne etwas dafür zu bezahlen.« Bis heute gelten die genannten drei Pflichten des Ehemannes seiner Frau gegenüber und ihre Nicht-Erfüllung ist ein berechtigter Scheidungsgrund.

Der Babylonische Talmud überliefert im Traktat *Gittin*, Scheidebriefe, Diskussionen über mögliche Gründe, eine Frau zu entlassen aufgrund von 5. Mose 24,1: »Angenommen, ein Mann heiratet eine Frau. Später gefällt sie ihm nicht mehr, weil er etwas Anstößiges an ihr findet. Er stellt ihr einen Scheidebrief aus, gibt ihn ihr und schickt sie fort.« Dieser Vers steht in einem ganz bestimmten Zusammenhang: Ein geschiedener Mann darf seine erste Frau nicht wieder heiraten, wenn sie dazwischen verheiratet und wieder geschieden oder verwitwet war. In der Bibel selbst geht es dabei eher um die Beschreibung einer Tatsache als um die Bestimmung möglicher Gründe.

Sehr liberal äußerte sich in dieser Diskussion Rabbi Akiva.[20] Er betonte die Aussage, dass »weil er etwas Anstößiges an ihr findet« und übersetzte das Verbindungswort nicht mit »weil«, sondern mit »oder«: »oder er etwas Anstößiges an ihr findet«. Daraus folgerte er, dass schon das Erscheinen einer schöneren Frau ein Scheidungsgrund sei. Der Ausdruck »etwas Anstößiges«, hebräisch *Erwat Dawar*, kommt auch in 5. Mose 23,15 vor: »Das Lager soll heilig sein, denn der Herr, euer Gott, zieht selbst mit euch, um euch zu beschützen und um eure Feinde in eure Hand zu geben. Deshalb soll er nichts Anstößiges bei euch sehen, damit er sich nicht von euch abwendet.« Aus diesem Zusammenhang schließt das »Beit Hillel«, die Schule des Rabbi Hillel, dass es sich nicht unbedingt um ein sexuelles Vergehen handeln muss, sondern um eine Abneigung, die sich entwickelt hat. So kann dann selbst eine verdorbene Mahlzeit zum Scheidungsgrund werden. »Beit Schammai«, die Schule des Rabbi Schammai, sah in dem Ausdruck »etwas Anstößiges« dagegen ausschließlich Ehebruch und verstand dieses Vergehen als einzig gültigen Scheidungsgrund.

Ganz offensichtlich schaltete sich Jesus in diese Diskussion seiner Zeitgenossen ein und stellte sich auf die Seite des radikalen Schammai: »Ihr habt gehört, dass es im Gesetz von Mose heißt: ›Ein Mann darf sich von seiner Frau scheiden lassen, wenn er ihr einen Scheidungsbrief ausstellt.‹ Ich aber sage: Wenn ein Mann sich von seiner Frau scheiden lässt – es sei denn, sie war untreu –, macht er sie zur Ehebrecherin. Und wer eine geschiedene Frau heiratet, begeht ebenfalls Ehebruch« (Matthäus 5,31f).

Jesus äußerte sich auch zu der Einstellung, dass man seine Frau entlassen könne, weil sie das Essen verbrannt hat oder aufgrund des Vergehens »nicht mehr die schönste aller Frauen zu sein«: »›Darf sich ein Mann aus jedem beliebigen Grund von seiner Frau trennen?‹ ›Wisst ihr nicht, was in der Schrift steht?‹, erwiderte

Jesus. ›Dort steht, dass der Schöpfer die Menschen als Mann und Frau schuf (...) und niemand soll sie mehr trennen, denn Gott hat sie zusammengebracht.‹ ›Und warum hat dann Mose gesagt, dass ein Mann seiner Frau einen offiziellen Scheidungsbrief ausstellen und sie dann fortschicken darf?‹, fragten sie. Jesus antwortete: ›Mose erlaubte die Ehescheidung, weil eure Herzen hart sind, aber ursprünglich war sie nicht Gottes Wille. Und ich sage euch: Ein Mann, der sich von seiner Frau scheiden lässt und eine andere heiratet, begeht Ehebruch – es sei denn, seine Frau war untreu.‹« (Matthäus 19,39)

Im Vorwort zur Londoner Ausgabe des Babylonischen Talmud von 1994 schreibt Rabbi Dr. J. H. Hertz: »Die jüdischen Sektierer (Essener, Sadduzäer aus Damaskus, Samariter und jüdische Christen) waren auch gegen eine Wiederheirat solange die geschiedene Frau lebte.«

Jüdische Quellen zitieren zum Thema der Scheidung in der Regel den Propheten Maleachi 2,15f: »›Brich der Frau deiner Jugend nicht die Treue. Denn ich hasse die Scheidung!‹, spricht der Herr, der Gott Israels.« Und der Talmud meint: »Selbst der Altar vergießt Tränen, wenn ein Mann die Frau seiner Jugend entlässt.«

In der Bibel wird die Beziehung Gottes zu seinem Volk mit einer Ehe verglichen. Gott lässt sich von Israel wegen ihrer Sünden scheiden. In seiner Gnade bietet er ihr aber wieder an zurückzukommen: »...wie ich Israel wegen seines Ehebruchs die Scheidungsurkunde gab und fortjagte (...) O Israel, mein treuloses Volk, komm zu mir zurück! Ich will nicht mehr zornig auf dich sein, und weil ich gütig bin, will ich dir deine Treulosigkeit nicht ewig nachtragen. Aber du musst eingestehen, dass du falsch gehandelt hast. Gib zu, dass du dich von mir abgewandt und unter jedem dicht belaubten Baum fremde Götter verehrt hast« (Jeremia 3,8.12f).

Vor einem grauen Haupt sollst du aufstehen

In letzter Zeit haben sich in israelischen Städten die Raubüberfälle gegen Rentner gehäuft. Manche wurden brutal geschlagen. Die Knesset, das israelische Parlament, hat deshalb die Strafe für solche Vergehen auf fünf Jahre Gefängnis verschärft. Die Medien reden von einem Werteverfall. Immerhin ist in jedem öffentlichen Bus auf einer Tafel zu lesen: »Vor einem grauen Haupt sollst du aufstehen …« Jeder israelische Schüler hat von der ersten Klasse bis zum Abitur Bibelunterricht und sollte die Fortsetzung dieses Verses im Kopf haben: »… und die Alten ehren und sollst dich fürchten vor deinem Gott; ich bin der Herr« (3. Mose 19,32).

Wenn die biblischen Propheten die Schuld des eigenen Volkes anprangerten, beklagten sie auch, dass Mutter und Vater oder auch die Schwiegereltern verachtet und verflucht werden (Hesekiel 22,7; Micha 7,6; Sprüche 20,20). Das jüdische Volk ist das Volk der Bibel. Sein Anfang ist in der biblischen Geschichte verankert. Deshalb haben auch die Urväter und -mütter eine große Bedeutung. Das Volk hat drei Urväter, Abraham, Isaak und Jakob, und vier Urmütter: Sara, Rebekka, Rahel und Lea. Die oft so langweiligen Stammbäume in der Bibel zeigen, dass Gott einen Plan hat, und dass genau diese Menschen – nämlich die Großeltern, Eltern, Kinder und Enkelkinder – darin einen Platz haben. Der Stellenwert der Großeltern hängt mit dem Stellenwert der Familie zusammen. Die Existenz der jüdischen Familie ist eine Garantie der Fortsetzung der jüdischen Geschichte.

Die Rabbiner sehen einen Zusammenhang zwischen der Ehre, die Gott erwiesen werden soll, und der Achtung, die Eltern zusteht. Wer die Eltern ehrt, ehrt damit auch Gott. Jesus kritisierte: »Und warum verstoßt ihr mit euren Überlieferungen gegen Gottes Gebote? Gott sagt zum Beispiel: ›Ehre Vater und Mutter‹ und ›Wer Vater oder Mutter verflucht, soll mit dem Tod bestraft werden.‹ Ihr sagt jedoch: ›Man muss seine Eltern nicht dadurch ehren, dass man für sie sorgt, wenn man stattdessen Gott das Geld gibt.‹ So setzt ihr durch eure eigene Überlieferung das Gebot Gottes außer Kraft« (Matthäus 15, 3ff). Auch die Rabbiner sehen die Erfüllung dieses Gebotes darin, dass die Eltern im Alter versorgt werden. »Ehre den Herrn mit deinem Besitz und schenke ihm das Beste, was dein Land hervorbringt«, betonte der weise Salomo (Sprüche 3,9). Ein Mensch hat eigentlich drei Eltern, den heiligen Vater Gott und die leiblichen Eltern. In orthodoxen Familien werden die Großeltern geehrt, indem ihre Enkelkinder nach ihnen benannt werden.

Weil Israel ein Einwanderungsland ist, ist es nicht selbstverständlich, dass sich mehrere Generationen einer Familie im Land befinden. Deswegen wissen es auch viele zu schätzen, wenn sie Großeltern und auch Onkel und Tanten in der Nähe haben. Familien kommen oft am Freitagabend zum Sabbatbeginn und an Feiertagen zusammen. Dann sind es Großfamilien im wahren Sinne des Wortes. »Weil Israel so klein ist, ist es leicht, Kontakt zu halten«, erklärte ein amerikanischer Jude.

»Brot und Salz, Gott erhalt's«

[Er] gab euch in der Wüste Manna zu essen, eine Speise, die eure Vorfahren bis dahin nicht kannten. Auf diese Weise wollte er euch demütig machen und auf die Probe stellen, um euch letztendlich mit Gutem zu beschenken (5. Mose 8,2.16).

»Brot und Salz, Gott erhalt's« steht auf einem alten Küchenbrett, das wir von der Urgroßmutter geerbt haben. Ein Leben ohne eine Scheibe richtigen Brots kann man sich weder in Tschechien noch in Deutschland vorstellen. In Israel ist das Brot ganz anders als in Europa.

Einen ganz besonderen Stellenwert hat das geflochtene Schabbatbrot, die *Chalah*, das zum Schabbateingang am Freitagabend auf keinem Tisch fehlen darf. Ansonsten wird sehr viel *Pita* gegessen. Das Fladenbrot kann mit Verschiedenem gefüllt werden, traditionell mit Humus, frischem Gemüse, Fleisch oder Pommes frites. Kinder mögen auch Schokolade in *Pita*. Die kinderreichen orthodoxen Familien leben hauptsächlich von Weißbrot, weil das am billigsten ist.

In den vergangenen Jahren ist aber auch in Israel das Bewusstsein für gesunde Ernährung gewachsen. So liefern verschiedene Bäckereien Vollkornbrot und sogar Vollkorn-*Pita*. Besonders gefreut habe ich mich, als mich meine tschechische Freundin auf das russische Brot aufmerksam machte. Es erinnerte am meisten an das Brot aus meiner Heimat, verschwand jedoch nach kurzer Zeit wieder aus den Verkaufsregalen.

Während des Passahfestes darf das jüdische Volk nur Ungesäuertes essen. Wenn es dann überall nur *Matzen* gibt, eine Art geschmackloses Knäckebrot, denke ich, verhungern zu müssen. Wie sehr ich das dunkle Brot aus meiner Heimat vermisse – wie auch den Regen, die grünen Wiesen und die feuchte Waldluft. So vieles, was für uns Europäer so wichtig ist, gibt es in Israel nicht. Meine Bibel habe ich aber immer mit dabei.

Brotherstellung in der Bäckerei Angel in Jerusalem

Im Laufe der Zeit habe ich mich dann trotzdem im Nahen Osten eingelebt – und angefangen, meine Bibel mit ganz anderen Augen zu lesen. Je mehr ich das jüdische Volk kennenlerne, desto mehr wird mir bewusst, dass es nicht »meine« Bibel ist. Wie schämte ich mich, als ich einer orthodoxen Freundin einmal erklären musste, dass wir Christen die Heilige Schrift und ihre Verheißungen für uns beanspruchen und dabei bewusst oder unbewusst das jüdische Volk ausklammern. Je mehr ich die Bibel mit »jüdischen« Augen und Ohren lese und aufhöre das Wort »Israel« in meinem Kopf durch den Ausdruck »Christen« zu ersetzen, umso mehr werden mir die Verheißungen für das jüdische Volk und das Land Israel lebendig.

Ein Leben mit der Bedrohung durch Terroranschläge, im Schatten des Krieges und der Schmerz durch die chronische Erkrankung eines unserer Kinder hat mich noch inniger mit dem Wort Gottes verbunden. Es ist zu einer Lebensnotwendigkeit geworden und ich habe verstanden, »dass der Mensch mehr als nur Brot zum Leben braucht. Er lebt auch von jedem Wort, das aus dem Mund des Herrn kommt« (5. Mose 8,3).

Zwischen Tränen und Hoffnung

Als wir zu Beginn der 1990er-Jahre mit zwei kleinen Kindern nach Israel kamen, erlebte ich einen Kulturschock. Alles war anders als ich es mir vorgestellt hatte. Ich konnte die Sprache nicht, und ich kannte niemanden. Die ersten Selbstmordanschläge trieben mich ins Gebet. Auf den Knien erlebte ich eine innere Veränderung. Ich fing an, das Land und die Menschen in Israel zu lieben.

Nach dem schrecklichen Seebeben in Südostasien und anderen Naturkatastrophen kann man sich in Deutschland sicher vorstellen, wie es ist, wenn man von einem Anschlag hört und dann um Freunde oder Angehörige bangt, in Krankenhäusern sucht, hofft und verzweifelt. Da Israel sehr klein ist, nehmen wir Anteil am Leid der Familien, die zu Opfern des arabischen Terrors wurden. Ich erfahre nicht nur, wie viele Menschen umgekommen sind, sondern höre von den Geschichten der Verletzten. Manche tragen ein Leben lang an den Folgen des Terrors.

Weil meiner kleinen Tochter etwas im Auge klebte, musste ich in die Augenklinik. Am Tag zuvor waren eine ganze Reihe von Verletzten nach einem Anschlag auf einen Bus ins Krankenhaus eingeliefert worden. Die Augenärzte unterhielten sich über eine Patientin: »Die Frau wird nie mehr sehen …« Ein anderer wird nie mehr laufen oder hören. Ein junges Paar wird nie heiraten – die Mutter der Braut kauft anstelle eines Hochzeitsstraußes einen Kranz und legt ihn auf das Grab.

Der beste Freund unseres ältesten Sohnes will nicht mit dem Bus zur Schule fahren, weil zwei Kinder aus seiner Schule in dieser Buslinie ihr Leben verloren haben. Wer eine Tochter oder einen Sohn beim Militär hat, lebt ständig mit der Angst, dass eines Tages die schlimmste Nachricht kommen könnte. Ich weine oft bei den Fernsehnachrichten weil die Terroropfer Gesichter haben, die Zahlen konkrete Schicksale sind – Oma, Opa, Kind, Bruder, Ehefrau,

Vater. Am schlimmsten sind für mich als Mutter von fünf Kindern die Bilder von leeren Kinderwagen oder blutigen Babysitzen.

Ich trauere mit dem Volk Israel und fliehe in die Bibel. Ich bete Psalmen und suche Trost bei den Propheten. Und ich finde neue Hoffnung: »Herr, höre mein Gebet und vernimm mein Schreien! (...) denn meine Tage vergehen wie Rauch und mein Körper brennt wie Feuer. (...) Doch du herrschst für alle Zeiten, Herr. Du wirst dich erheben und Jerusalem Barmherzigkeit erweisen« (aus Psalm 102). Ich erlebe mit, wie der Psalmist sein Herz vor Gott ausschüttet, seine Trauer, seine Angst oder auch seinen Zorn in Worte fasst, wie sich dann sein Blick immer mehr aufhellt, bis er endlich Gott in seiner Gerechtigkeit und Gnade sehen darf.

Wir gehören zu einer messianisch-jüdischen Gemeinde. Es war uns wichtig die Landessprache zu lernen und inmitten des Volkes zu wohnen. In den israelischen Gemeinden wird viel gesungen, oft eine ganze Stunde lang. Viele hebräische Lieder sind Bibeltexte. Es tut sehr wohl, mit anderen jesusgläubigen Menschen zu singen: »Der Geist Gottes, des Herrn, ruht auf mir (...) Er hat mich gesandt, um die zu heilen, die ein gebrochenes Herz haben und zu verkündigen, dass die Gefangenen freigelassen und die Gefesselten befreit werden (...) Er hat mich gesandt, um es den Trauernden zu ermöglichen, dass ihnen ein Kopfschmuck anstelle von Asche, Freudenöl anstelle von Trauerkleidern, und Lobgesang anstelle eines betrübten Geistes gegeben werde« (aus Jesaja 61). Oder aus Jesaja 62: »Wegen Zion kann ich nicht schweigen. Wegen Jerusalem werde ich nicht ruhen.«

Dafür, dass wir als Familie noch nie einen Anschlag direkt miterlebt haben, bin ich Gott sehr dankbar. Der Anblick von Zerstörung, die Explosion und der Geruch von verbrannten Menschen ist psychisch und physisch sehr belastend. Meine Kinder wollte ich vor dieser teuflischen Realität schützen, sie die schrecklichen Fernsehbilder nicht sehen lassen. Aber dann kamen sie zu mir: »Mama, die ganze Schule redet darüber, was passiert ist, nur wir wissen nichts!« Seitdem erzähle ich ihnen vom Tagesgeschehen.

Mittlerweile lesen sie selbst Zeitung. Wir bitten jeden Abend bei unserer Familienandacht um Gottes Schutz für Israel und die Soldaten, die auf uns aufpassen. Es sind ja auch immer welche aus unserer Gemeinde dabei.

Am schlimmsten war für mich die Zeit zu Beginn der Intifada als palästinensische Heckenschützen auf vorbeifahrende israelische Autos schossen. Manche meiner Freundinnen wollten im Dunklen nicht mehr Auto fahren. Meinen Kindern gab ich damals die Anweisung, den Kleinen schnell aus seinem Sitz zu holen und sich auf den Boden zu werfen, wenn sie Schüsse hören. Dabei wusste ich aber, dass es Gott ist, der uns bewahrt und die Kraft gibt, dem Terror nicht nachzugeben. Von Natur aus bin ich kein tapferer Mensch. In dieser Zeit spürte ich oft Druck auf meiner Brust und ich bin sehr froh, dass es jetzt ruhiger geworden ist, auch wenn ungewiss ist, für wie lange.

Noch einmal lese ich nach, was ich damals geschrieben habe:

Mir fällt ein Stein vom Herzen. Es ist nicht der Mann meiner Freundin, der im Krankenhaus liegt. Der Nachrichtensprecher hatte berichtet, dass ganz in unserer Nähe ein »Jossi Baruch aus Modi'in« durch einen Kopfschuss von arabischen Heckenschützen schwer verletzt wurde. Erschrocken denken wir an die befreundete Familie aus Modi'in, deren Vater ebenfalls »Jossi Baruch« heißt. Am Telefon klärt die dreifache Mutter Elisabeth mich auf: »Es war nicht mein Mann!« – und ich war auch nicht die Erste, die angerufen hat.

Eli Cohen hieß der Mann, der auf dem Weg von Jerusalem nach Modi'in in seinem Auto kurz nach Einbruch der Dunkelheit erschossen wurde. Blitzschnell gehen mir die Gedanken durch den Kopf: »Ist das vielleicht unser Nachbar? Der Vater von den drei kleinen Kindern, die immer wieder vor unserem Haus spielen?« Die Familie Cohen ist eine der nettesten orthodoxen Familien in der Gegend. – Nein, es war ein Fahrlehrer. Also kann es nicht »unser« Eli Cohen sein. Wieder fällt mir ein Stein vom Herzen. Ein schwerer Stein!

Aber irgendwie will der Druck nicht weichen. Es sind noch viele »Steine« da. Dass ich diese Menschen nicht kenne, bedeutet nicht, dass andere sie nicht beweinen. Dass »Eli Cohen« und »Jossi Baruch« nicht die Familienväter waren, die wir kennen, heißt nicht, dass sie nicht auch Väter oder Ehemänner, nicht Brüder oder Söhne waren.

Bevor die Amerikaner im Irak einmarschiert waren, wusste niemand, ob Saddam Hussein nicht doch Massenvernichtungswaffen hatte. Unsere schulpflichtigen Kinder gingen mit Gasmasken zur Schule. Überallhin mussten wir die Gasmasken mitnehmen. Einmal haben wir bei Freunden in Nordisrael übernachtet. Plötzlich hörten wir einen Knall. Es war eine Katjuscha-Rakete von der Hisbollah aus dem Libanon. Unsere Freunde im Norden haben in den vergangenen Jahren viel Zeit im Bunker verbracht.

Überhaupt gehören die Bunker an jeder Ecke zum israelischen Alltag. Mal sind sie ein Teil des Kinderspielplatzes, ein anderes Mal liegen sie unter dem Nachbargarten. Eigentlich muss jeder Neubau einen Schutzraum haben. Jeder Israeli, vom jüngsten bis zum ältesten, besitzt eine Gasmaske. In Zeiten der Panik, wenn die Kriegsgefahr aus Syrien, dem Irak oder dem Iran aktuell erscheint, warten viele in langen Schlangen auf die Überprüfung ihrer Gasmasken.

Einmal unterhielt ich mich mit einer Schweizer Freundin, die schon den ersten Golfkrieg in Israel erlebt hatte. Sie erzählte, wie sie beim Raketenalarm immer überlegte, ob sie ihre Kinder aus dem Schlaf reißen sollte, um sie in den Keller zu treiben, oder ob sie sie lieber schlafen lassen sollte. Schließlich kam sie zu der Überzeugung: »Die Wahrscheinlichkeit, dass eine Rakete gerade uns trifft, ist gering. Wenn sie uns aber trifft, dann ist es Gottes Wille.« Von da an ließ sie ihre Kinder schlafen. Ihre Weisheit habe ich mir für die ganze Zeit dieses zermürbenden Krieges zu Herzen genommen.

Es sind aber nicht nur Schreckensnachrichten und Angst, die ein Leben mit dem Terror begleiten, sondern auch viele Zeugnisse von wunderbaren Bewahrungen. Da ist beispielsweise die Geschichte von zwei gläubigen Freundinnen, Rita und Svetlana, die in Jerusalem miteinander im Linienbus unterwegs waren. Kurz nachdem Rita ausgestiegen war, hörte sie eine Explosion. Am Kopf wurde sie durch ein Metallstück verletzt, aber ihre Gedanken galten nur Svetlana, die im Bus geblieben war. Svetlana kam nach einem furchtbaren Schlag wieder zu sich und sah sich in einem völlig zerstörten Bus, überall Blut und abgerissene Körperteile. Sie dachte, sie sei tot. Aber nein, sie hatte in alldem mit leichten Verletzungen überlebt.

Was Beobachter von außen meist der technischen Überlegenheit Israels zuschreiben, begreifen viele Menschen hier im Lande als Gottes Eingreifen: In den israelischen Medien ist immer öfter von »Wundern« die Rede. »Es war ein Wunder«, versichern Augenzeugen, dass bei den Busexplosionen in Tel Aviv und Netanja niemand ums Leben kam. Es gab nur Verletzte. »*Toda LaEl* – Gott sei Dank!«, bekennen die Eltern des Soldaten erleichtert vor laufender Fernsehkamera. Als »von den Toten auferstanden« sehen sie ihren Sohn, der einige Wochen zuvor durch zwei Herzschüsse lebensgefährlich verletzt worden war.

Immer wieder sind Dutzende oder auch Hunderte orthodoxer Juden an der Klagemauer versammelt und bitten Gott um Erlösung. Aus Sderot, der israelischen Stadt nordöstlich des Gazastreifens, die andauernd von Kassam-Raketen beschossen wurde, kommt eine Gruppe, um Psalmen zu lesen. Am Rest der Umfassungsmauer des letzten jüdischen Tempels rufen sie Gott an und bitten um die Genesung der 17-Jährigen, die von so einer Rakete getroffen worden war – und trotzdem überlebte.

Orthodoxe Juden versammeln sich aber auch, um Gott für Bewahrung zu danken. Im ultraorthodoxen Jerusalemer Viertel *Mea Schearim* wurden vor ein paar Jahren drei Autobomben entdeckt, bevor sie explodieren konnten. Ein Parkwächter, der eine der Bomben entdeckt hatte, bezeichnete sich selbst als »Bote Gottes«, als Instrument in Gottes Händen.

Wenn ich nicht das Vertrauen auf Gott hätte, wüsste ich überhaupt nicht, wie ich mit dieser Situation umgehen sollte. Er hilft mir auch, für die Palästinenser zu beten, die nach gelungenen

Anschlägen in den Straßen tanzen. Ich wünsche den palästinensischen Kindern, dass sie nicht mehr mit Hass und Hetze aufwachsen müssen, dass sie nicht an der Front und als Selbstmordattentäter missbraucht werden.

Nur Gott ist es, der mir die Liebe zum jüdischen Volk und zu den Palästinensern schenkt. Er gibt mir den Glauben, auszuhalten, und Er – nur Er! – gibt Hoffnung auf eine bessere Zukunft.

Kurz bevor wir nach Israel kamen, waren die Abkommen von Oslo abgeschlossen worden. Damals ahnte kaum jemand, welch blutige Zeit für Israel beginnen würde. Mehrfach wurde uns Psalm 91 mit auf den Weg gegeben: »Wer im Schutz des Höchsten lebt…«, heißt es dort, und: »Wenn neben dir auch Tausende sterben, wenn um dich herum Zehntausende fallen, kann dir doch nichts geschehen.« Es ist großartig, so eine wunderbare Bewahrung Gottes zu erleben. Doch zusehen zu müssen, wie viele »fallen«, ist alles andere als schön.

Ich weine bei den täglichen Nachrichten, und ich weine auch bei den Schul- und Kindergartenfeiern. Zu sehen, wie jüdische Kinder fröhlich tanzen und singen, und wie sich ihre Eltern daran freuen – trotz der ständigen Verfolgung –, ist für mich ein unbeschreibliches Gefühl. Ein solches Gefühl hatte ich auch, als ich vor einigen Jahren am Gedenkabend in der nationalen Holocaustgedenkstätte Israels *Jad VaSchem* teilnahm. Sechs Holocaustüberlebende erzählten ihre furchtbaren und doch wunderbaren Geschichten. Jeder von ihnen wurde von einem Enkelkind begleitet, das eine Fackel für jeweils eine Million Juden, die nicht überlebt haben, anzündete. Die Totengebeine des Propheten Hesekiel (Kapitel 37) standen vor meinen Augen auf. Bei jeder jüdischen Feier sehe ich die Gestalten aus Haut und Knochen in den Vernichtungslagern vor mir, die sich in fröhliche, schöne und gesunde Kinder verwandeln. Ich bin glücklich und deshalb weine ich.

Anmerkungen

1 Nir Barkat: http://www.jerusalem.muni.il/jer_sys/marathon11/eng/MarathonInner.asp?BHtml_id=-1&Button_id=0&msg_id=11 842&src=http://www.jerusalem.muni.il/jer_sys/publish/showPublishEng.asp?pub_id=38562+father_id=36674+lang=2 (Zugriff am 24. Januar 2012).
2 Zipporah Porath, Letters from Jerusalem 1947–1948 (Jerusalem: Jonathan Publications, 2005), 33-34.
3 Ira M. Sheskin, http://www.jcpa.org/JCPA/Templates/ShowPage.asp?DRIT=5&DBID=1&LNGID=1&TMID=111&FID=625&PID=0&IID=2217&TTL=Four_Questions_about_American_Jews (Zugriff am 24. Januar 2012).
4 Ernst Rychnovsky, Masaryk und das Judentum (Prag: Marsverlagsgesellschaft, 1931), 340.
5 Heinz Högerle, Carsten Kohlmann und Staudacher Barbara, Ort der Zuflucht und Verheißung. Shavei Zion 1938–2008. Begleitbuch zur Wanderausstellung (Stuttgart: Theiss, 2008), 30.
6 Encyclopedia Judaica, Volume 6 (Jerusalem: Keter Publishing House Jerusalem LTd.), 1307.
7 Fahne des Staates Israel: http://www.crwflags.com/fotw/flags/il_law.html (Zugriff am 12. Februar 2012).
8 Gershom Scholem, Judaica (Frankfurt am Main: Suhrkamp Verlag, 1968), 97.
9 Ebenda.
10 Josua Trachtenberg, Jewish magic and Superstition. A Study in Volk Religion (New York: Anthenum, 1974), 153.
11 Gershom Scholem, Judaica (Frankfurt am Main: Suhrkamp Verlag, 1968), 116.
12 Gerhard Schoenberner, Der gelbe Stern. Die Judenverfolgung in Europa 1933–1945 (München: C. Bertelsmann Verlag GmbH, 1978), 31.
13 Gershom Scholem, Judaica (Frankfurt am Main: Suhrkamp Verlag, 1968), 118.
14 Daniel J. Elazar: http://www.jcpa.org/djeindex.htm (Zugriff am 12. Februar 2012).
15 Yair Ettinger, »Chief rabbis: Abortions are delaying redemption«, Haaretz 30. 12. 2009, http://www.haaretz.com/print-edition/news/chief-rabbis-abortions-are-delaying-redemption-1.1142 (Zugriff am 12. Februar 2012).

16 Matthew Wagner, »Rabbis: Abortion will delay the redemption«, Jerusalem Post 29. 12. 2009: http://www.jpost.com/Israel/Article.aspx?id=164611 (Zugriff am 12. Februar 2012).
17 Efrat: http://www.friendsofefrat.org/friends-of-efrat.php (Zugriff am 12. Februar 2012).
18 Simon Philip De Vries, Jüdische Riten und Symbole (Wiesbaden: Fourier Verlag, 1984), 205-206.
19 Shraga Simmons, »Ask Rabbi Simmons«: http://www.aish.com/authors/48 865 357.html (Zugriff am 14. Februar 2012).
20 Encyclopedia Judaica, Volume 6 (Jerusalem: Keter Publishing House Jerusalem LTd.), 125.